文學叢刊

汾河西岸的春天

米至仁著

文史哲出版社印行

國家圖書館出版品預行編目資料

汾河西岸的春天 / 米至仁著. -- 初版. -- 臺北市：文史哲，民 99.07
頁；公分. --（文學叢刊；237）
ISBN 978-957-549-914-3(平裝)

857.7　　99012559

文 學 叢 刊 237

汾河西岸的春天

著　者：米　至　仁
出版者：文史哲出版社
http://www.lapen.com.tw
e-mail：lapen@ms74.hinet.net
記證字號：行政院新聞局版臺業字五三三七號
發行人：彭　正　雄
發行所：文史哲出版社
印刷者：文史哲出版社
臺北市羅斯福路一段七十二巷四號
郵政劃撥帳號：一六一八〇一七五
電話886-2-23511028・傳真886-2-23965656

實價新臺幣二六〇元

中華民國九十九年（2010）七月初版

ISBN 978-957-549-914-3　08237

序

「汾河西岸的春天」是一部描寫二十世紀三十到四十年代，日冠侵華，在作者家鄉，山西汾河中游一帶，一群愛國青年，獻身抗敵活動，在工作中所表現的熱情活力，及男女相戀的愛情小說。當時，敵強我弱，一般軍民對抗戰前途缺乏信心。這群青年的工作，主要就是透過宣導，加強大家的愛國心，促進團結，以發揮犧牲奮鬥、同仇敵愾的精神。他（她）們來自不同的家庭背景和學校，經過訓練，然後派赴農村戰地，以演講、歌舞，及話劇表演等方式，來鼓舞人心士氣，確實收到很好的效果。

以上是這部愛情小說的簡單內容。其實這種故事在八年的對日抗戰中，應是處處在不斷地發生。許多以抗戰爲背景的愛情小說，也有類似的描述。但是，這部小說卻有它的特色，尤其是在寫作技巧方面，表現了作者豐厚的文學修養與對文字掌握運用的純熟造詣，值得讀者欣賞和參考。作者以場景或內容重點分段，將故事往前逐步推演，予讀者以一種看電視連續劇的感覺。每一場景又以劇中人對話的方式，表現劇情，對白流暢俐落，縱然是一種予盾複雜的心態，也能用簡單的幾句話表達出來，足見作者在文藝心理方面有很深的揣摩。由於以上的特色，這部愛情小說實在很適合作爲編寫電視連續劇的素材腳本，如有劇作家有此興趣，將是件輕而易舉的事。

由於這部小說的故事背景是在山西，作者米至仁先生又是山西人，當然在故事的內容，會提到一些山西的山川古蹟和民情風俗，雖然時在七十年前，但對讀者認識山西，仍不無參考的價值。

本書作者米至仁先生是我的鄉長，久居香港，服務教育界，曾任荃灣佛教中學校長多年，現已退休。米老文學素養深厚，除辦學外，並涉及文藝，常有作品發表。本書稿曾榮獲香港文藝叢展小說獎，因即將出版，索序於我。我對文藝十分外行，惟以對米老之學問道德素所敬仰，謹就本書稿讀後心得，略綴數言，是爲序。

二〇〇七年三月三十日

梁尚勇　於台北市山西同鄉會

趙序

拜讀大作「汾河西岸的春天」，您以精美活潑的筆觸，藉一些通俗鄉土的真實故事情節、描繪出抗日聖戰中，人不分男女，地不分南北，全民敵愾同仇，救國救民熱情感人的事蹟，其中許多場景，似同自己參與聖戰經過的翻版。憶起昔日在學生時代，自費組隊作街頭演講、用白灰寫牆壁標語、城鄉并上五台山向和尙籌勸募，乃至痛辭父母棄學從軍，歷盡艱苦，參與多次槍林彈雨血肉橫飛、衝鋒陷陣歷歷在目的對日軍戰鬥情節，深獲情感共鳴。文中尤以家鄉風物民俗，民間俚語作爲對話描述和表達，真感自己就融入其中，倍感親切。

其盼此書，能早日問梓，能獲當代青年以看愛情故事的心情，深入體會當年爲拯救國家危亡，不顧身家性命，拋家棄親、慷慨赴義、投入抗日救亡、以血肉抵抗日寇侵略、悲壯澎湃前撲後繼的巨大洪流的青年一代勇毅的表現。率能擊敗頑強的日寇，終獲國家偉大的勝利。我輩現代青年應勇於學習，以史爲鑑，效法二、三十年代之青年。揮別享受，以愛國強國爲職志，各就崗位，共同努力，以期創建廿一世紀，更強盛的中華民國。

弟**趙清福**　敬上　二〇〇七年四月十九日

自序

七七事變之後，大同很快失守。閻錫山親臨內長城的茹越口指揮作戰。後方百姓，人心惶惶，情勢極爲惡劣。汾河西岸的青年奮不顧身，自動集結，在何傳廣帶領之下築成了銅牆鐵壁的陣營。回鄉群眾，自動請纓，出錢出力，爭先恐後。楊大春見人心未死，以短歌形式與何傳廣合唱「中國不會亡」，聲震屋瓦，詞壯情豪。連不識字的校役老寶琴也感激涕零，連連高呼：「有我老寶琴，中國不會亡。」

後來何傳廣爲狙擊敵人，身受重傷。楊大春在愛妻激勵之下，拋妻棄子，捐軀沙場，以堅守陣地四十八日的功勳，魂斷衡陽。一年之後敵人果然無條件投降。當年他們所唱的「中國不會亡」真是一言九鼎，字字硃磯。

民國五十四年（一九六五）余曾寫此小說爲　國父百年誕辰壽。如今謹出版此小說爲中華民國建國百年壽，願中華民國萬壽無疆，正如張奇蘭所說「天天都是春天」。

米至仁　民國九十九年元旦
於香港敬修堂

汾河西岸的春天 目錄

楔 子

《汾河西岸的春天》發表之後，二十多年前曾任楊大春副官的汪兆成先生從台北寄來了楊大春遺作「別妻」新詩一首，最後的附言說：「當時爲了紀念我的上司，把他遺物中的新詩偷空抄錄下來，一直保存到如今；真跡則連同其他東西呈交上峰。筆者讀後認爲這首詩正是小說的總結，也是小說的緣起。無論放在小說的前面或後面都很恰當。於是在小說的原稿上加了這個楔子，把「別妻」公之於世，以饗讀者：

「

記得那年你送我，
手拉手兒過小橋，
汾水河邊楊柳岸，
　飛花飄飄。

齊姜不言兒女事，（注一）
班生投筆意氣高，（注二）
青衫溼盡分袂去，
　風兒蕭蕭！

兩地相思七年了，
為了抗日怎能說。
衡陽若是斷魂處，
　比翼遙遙！
」

一、三官廟

汾水中游的西岸，有一個村莊，它的周圍都是廣漠的田野。那裏因爲接近河流，灌溉方便，村人就利用這種優越的條件，種植蘆葦。所產的葦子，大多運銷綏遠，蒙古等地，充當編織席子的原料。價錢好的年頭，農民的收入，相當可觀。在這裏流行著一句話：「多種葦子少種田，賣了葦子賺大錢。」

村莊西北五里的地方，是武家寨。兩村之間，靠一條三尺多寬的泥路，維持交通。泥路的東邊，有一所廟宇，名叫「三官廟」。民國以來，利用廟中的廂房，開辦了一所小學。從這條路經過的人，都可聽到朗朗的讀書聲。

廟宇的四周，都是一望無邊的葦田。每年夏、秋兩季，當蘆葦長起來的時候，整個廟宇就沉在綠湖裏。人若置身其中，除了頭頂上的天空和碧綠的葦波外，甚麼都看不到。到廟中參觀過的人都說：「這裏是世外桃源。」

※　※　※

民國二十五年，楊璦當了村長，他的辦公處就附設在三官廟的前院。那時，楊璦新從省城退休回來，一心要爲地方上謀求福利。他一上台，就積極整頓村事，銳意興革。屢次向人表示：他要好好辦一間學校。原來在這裏混飯吃的兩個教員，看到風頭不對，自動辭職他去。因此，徵聘教員便成了楊璦上任後的一個重要課題。

※　　※　　※

看看秋天到了，新的學年就要開始，三官廟上的學校，還沒有請到先生。楊璦心裏十分焦急。像樣的學者，人家不肯屈就；普普通通的半瓶醋，他還瞧不起，正在愁思莫解的當兒，楊大春從省城回來。

楊大春是楊璦的大兒子，本來在省城一間著名的中學做教務主任。爲了與校長相處得不好，一氣之下，便辭了職。打算在家裏住一個時期，等待別的機會。

楊璦聽說兒子暫時不走，就用命令的口吻說：「春兒！你就在村裏教一個學期吧！」

楊大春認爲自己是中學教員，豈肯大材小用，很恭敬地回答：

「爸！不，我不。」

「爲甚麼？」楊璦的頭歪向左邊。

「怕人家笑我，越做越小。」

「教書還有大小，又不是做官！」

「爸！還是請別人！」

「我已經沒有辦法了，才想到你。」

「爸！這件事我不能順從你。」楊大春仍然堅持著。

楊璦忍不住了，脾氣大發，咀上的兩撮鬍子隨著筋肉的抽搐，一上一下地擺動。用手中的旱烟袋指著楊大春：

「畜生！我養你一場，又用血汗錢供你讀書，如今這樣的小事，也不能替我做！你想秋天開不了學，我這個村長還有甚麼面子？」

楊大春覺得父親太不講理，他只顧自己的面子，而不顧兒子的面子，有心與他辯駁，也恐怕那旱烟袋打上頭來，只好忍著氣一句話也不吭。

「讀書讀到狗肚子裏去了？連個放羊的娃兒也不如，我還指望你孝順？」

楊璦雖然年近六旬，他的聲音卻很洪亮。尤其是發起脾氣來，四鄰五舍都可以聽到。父子倆頂嘴的聲音傳出戶外，不但驚動了全家大小，村中愛看熱鬧的人也跑了過來。楊堅從人叢中探出一個尖尖的腦袋。

楊璦的太太一見楊堅，兩隻小腳一擰一擰地移動到他身邊，低低地說：「快勸勸你爺爺，我們都不敢。」

楊堅深深地作了一個揖：

「爺爺！甚麼事，動這樣大的火？」

「你問他！」楊璦把旱烟袋往桌子上一摔，桌子上擺著的茶壺茶碗被震得跳了起來。

※　※　※

二、大學生

楊堅是楊璦的遠房孫子，比楊大春小一輩，年齡卻比他大兩歲。兩人從小是同學，又住在隔鄰，差不多親如兄弟。家庭中發生了甚麼事，他倆總是互相聲援。如今楊堅聽了楊璦的吩咐，立刻向楊大春呶了呶嘴，把他叫到一邊，兩人擠眉弄眼，嘰嘰咕咕了半天，纔走到楊璦面前：

「爺爺！這件事春叔答應了。不過春叔要一個合意的人幫他的忙。孫兒就毛遂自薦，將來春叔做正教，我做副教。我們兩人負責把學校給你辦好。」

「知子莫若父」楊瑷深知楊大春無論做甚麼事，一定要拖著個伴兒。現在楊堅既然說出這個折衷的辦法，不由喜上心頭，連連點著那個禿了頂的腦袋：

「好！明天我去呈報教育科。」

楊堅和楊大春担任教員的事，很快傳遍了全村。樹蔭下，田壟上到處可以聽到人們談論這椿新聞。有人說：「楊大春學問好。」

有人說：「大學生教小學，是娃娃們的幸運。」

也有人說：「恐怕楊大春幹不長。」

除了許多好的評論以外，還有一個人持相反的看法，那就是范國喜。

范國喜是本村巡田，有時也在村公所跑腿，從他嘴裏出來的消息，很有一部份人相信他到處向人說：

「大學生有甚麼好，既然好就不會回到這小村薄舍來。不是闖下大禍，就是勾引人家的老婆，不然他怎肯上三官廟。」

鄉下人對楊大春在外邊的情形，所知道的的確很少，如今范國喜這樣一提，謠言就造了出來，東加一點鹽，西加一滴醋，直把個大學生貶得一文不值。

其次楊堅在鄉下人的心目裏，也不是好東西，原來楊堅與楊大春一起考上了大學，只因父親給他娶了個妻子，夫妻濃情蜜意，鬧得難解難分。男的在女的慫恿下，放棄了學業，一連幾年，住在家裏遊手好閒。終日除了陪伴妻子以外，一無所事。村中人都認為他是沒有出息的傢伙，焉能教育別人的子弟。

話雖然這樣講，但到了正經場合，誰也不願意出頭反對。況且楊瓔在村中輩份最大，有錢有勢，他決定了的事，那個敢說個不字。

※　　※　　※

開學了，報到的學生不及原來的二分之一，而且都是些六，七歲的孩子，比較大一點的一個也沒有。這種冷落的情形，真是出乎意料之外。他想此次由他的兒子担任教員，不但本村的花戶應送子女入學，鄰村上下的學童也應當聞風而來。不料事實剛剛相反，連以前那兩個混飯喫的先生時代也不如。

楊瓔越想越氣，幾晚都沒有睡好，最後想到一個辦法，立即召開花戶會議。

※　　※　　※

范國喜在街上敲著銅鑼：「噹！噹！噹！噹！噹！噹！」接著嘴巴朝天大聲吆喝：「花戶上廟哩，誰不去罰洋十塊！」

孩子們都跟在他的背後，好像看把戲似的。一個老太婆從門縫裏探出個頭來：

「喜兒！幹甚麼？」

「村長命令，上廟開會，若要不到，骨頭打碎。」范國喜用一種說口令的調兒說著，每說一個字頭就傾一下，樂得孩子們格格地笑。

※　　※　　※

楊璦在村民大會上，當堂宣佈：

「如果那一家的子女不上學，每人罰款一百元，子女多的，按數照乘。」

本來楊璦的話，就是法律，那一個敢不聽從。

這樣一來，果然收到很大的效果，很多十六七歲的姑娘被大人送上學校。因爲當時一百元不是小數，胼手胝足的農夫，割一天葦子，才賺五毛錢。誰都不願觸犯村長的命令，讓自己白白破財。何況送子女讀書，也是一件好事。就是兩個教員如何不好，也還沒有到了吃人的地步。

於是，三官廟上的學生人數，達到有史以來的最高紀錄。楊大春把全部精力，貫注在教學上，不久這間學校，就辦得蒸蒸日上，學生的成績，大有進步。村中人看了，誰不稱道。紛紛反詰范國喜：「大學生怎麼樣？」

范國喜總是厚著臉皮不緊不慢地說：

「往後瞧！」

三、辮子姑娘

三官廟離楊大春的家裏，約摸有二里多路，往返喫飯，非常不便，尤其天陰下雨，更覺難堪。楊大春爲了節省時間，索性搬到三官廟居住，這樣也可以避免楊璦的囉嗦。楊堅是個老婆迷，他不願冷落了熱情如火的妻子，一放學就跑回家裏抱孩子。這樣，孤廟上就留下了楊大春和僕人老寶琴。

老寶琴是個六十多歲的老頭兒，在這裏看了半輩子的廟，除了掃掃院，敲敲鐘，替先生煑煑飯以外，常常坐在山門的門檻上念經。他究竟念些甚麼，沒有一個人會懂得。

※　※　※

楊大春從燈紅酒綠的繁華都市，驟然轉移到僻靜的環境，自然有些過不慣。楊堅看他悶得發慌，很關心地說：

「春叔！我今晚不回去，陪你去武家寨散散步。」

「武家寨有甚麼好，還不是和咱村一樣。」

「透透氣也好啊！」楊堅說著就拉著他走。

他倆穿過深深的葦田，就踏上了通往武家寨的那條泥路。兩人有說有笑，很快就走到武家寨的交界。

從南瓜地裏傳來了一陣輕盈的笑聲，兩人定眼一看，發現兩個十八，九的姑娘。一個背後拖著兩條粗粗的辮子，一個是剪髮型。兩人的身材差不多一樣高，衣著也幾乎相同。遠遠看去好像一雙孿生姊妹。楊堅向楊大春扮了個鬼臉斜著眼低聲說：「好貨！」

楊大春很討厭地說：「不要說！」說著把楊堅拖到葦子後邊，藉著葦子的掩護，仔細地偷窺她們的動作。當時楊大春的神情，好像鄉下孩子設了網羅捕捉麻雀，而麻雀已經飛近網羅的一剎那一樣。

過了一會兒，那兩個姑娘抬著一大籮南瓜向他們的方向走過來，楊堅忍不住了：「我們嚇她們一跳。」

楊大春哼著：「去你的！」說著就從葦子後面鑽了出來，站在路旁，作出讓路的姿態。

梳辮子的姑娘看到了前面閃出兩個黑影，急忙低下了頭，同時扭回頭去，向那個剪髮的姑娘招呼：「有人！」

楊堅笑瞇瞇地向她們說：「妹妹！抬不動嗎？我們幫你。」

那兩個姑娘望也不望一眼，促促地走過去了。

楊大春問楊堅：「你認識她們嗎？」

「當然啦。這幾年我在家裏蹲著，什麼都比你熟悉。」

「她們姓甚麼？」楊大春認真地問。

「怎麼？你怪感興趣，是不是？」

「……」楊大春半天也說不出一句。

「春叔！老實講，你也半輩子的人了，早應該成家立業，難道當一輩子和尚不成？」楊堅乘機向楊大春進言。

「老侄兒，你不瞭解我。」

「甚麼不瞭解？還不是理想太高。」

「也不是，只是找不到一個志同道合的。」楊大春說著還不時企高了腳後跟，望著那兩個姑娘快要消失的背影。

楊堅心裏不由地好笑，故意取笑楊大春！

「春叔！我給你介紹好嗎？」

「不，不……」楊大春盡量掩飾自己那顆被誘惑了的心。

從那天之後，楊大春對於散步發生了興趣，每天晚飯以後，例必整好衣冠，躑躅在通往武家寨的那條路上。與其說他是享受閒情逸致，倒不如說有所希冀。

不知過了多少天，第一次的鏡頭重演了。那兩個姑娘從武家寨出來，正走向那一片南瓜地。這次楊大春有了準備，竚立在渠堰上，居高臨下，要把她倆看個清楚。不料那梳辮子的姑娘把籮筐頂在頭上，遮住了臉孔，使楊大春的計劃完全失敗。

她們覺得楊大春是個獵艷者，不然不會用貪婪的眼睛盯著人不放。於是乘著摘南瓜的時間，討論好了對付的方法。

楊大春站在路口上等了許久，不見她們回轉，仔細一望，她們已經由南瓜地的他端，穿插到另一條田徑上。他有心拔足趕上，又有些不好意思。迷惘地呆在那裏，簡直像一個木偶。口中呢呢喃喃複述著秦觀的詞句：

「但目送，芳塵去……試問閒愁都幾許？

一州烟草，滿城飛絮，梅子黃時雨。」

※　※　※

四、鬼

秋末的一個晚上，楊大春改完了學生的作文簿，已經十一點鐘了。眼睛一迷糊就倒桌子上睡著了。在夢境中，他看到那個梳辮子的姑娘，走進了他的臥室，大大的眼睛，長長的睫毛，修長的手指交叉在胸前。酒渦一陷，一絲微笑掛在嘴角。兩個臉蛋兒好像陽光下待放的花蕾。兩隻嫩白的玉臂，散發出撲鼻的溫香。楊大春情不自禁地伸手一摸，桌子上的煤油燈「嘩啦」一聲跌在了地上。楊大春被驚醒了，他在黑暗中不知道適才所發生的情形是幻，還是真？下意識地披了外衣，輕輕開了山門，一直向著武家寨的方向追趕。

夜深了，全世界的人都走了夢鄉，田野上只剩下蟋蟀和一些昆蟲在歌唱造化者的偉大。兩旁的蘆葦黑壓壓的，再分辨不出他們的顏色。楊大春除了看到頭頂上的銀河和星星以外，再看不到任何影子。

他一面走一面幻想，想到自己是探險家，就覺勇氣十足。想到平時這條路上的送殯行列，就覺得毛孔發緊，陰森可怕。

這樣不知走了多遠，突然聽到有腳步的聲音迎面走來。那聲音非常沉重，越來越近。楊大春頭皮一緊，掉頭就跑。後邊的人發覺他逃跑，益發加快了速度，直追得楊大春氣也喘不過來。

「膽大的！站住！」背後發出粗獷的命令。

楊大春一聽是范國喜的聲音，這才鬆了一口氣，扭頭與他打了個招呼。

「原來是你楊先生！我還以爲是偷莊稼的，那你跑甚麼？」

「我以爲是鬼。」楊大春沖口而出。

「你們讀書人也相信有鬼嗎？」

「是的！」楊大春敷衍著說。

「可是我在咱村巡田巡了二十年，天天晚上在野地裏轉來轉去，也沒有遇見過一次。」

「那是你膽子大。聽人說人怕鬼三分，鬼怕人七分，大概鬼見了你這樣的人就躲起來了。」

「你的膽子也不小呀！不然深更半夜怎敢跑出來？」

「這個……這個……」楊大春囁嚅著，這時他纔從夢中清醒過來，懊悔著自己的無聊舉動。

范國喜既然聽不到楊大春的回答，心中愈加疑惑。根據他過去的經驗，一個人如果有了不可告人的秘密，往往支吾其詞，他想楊大春一定在搗甚麼鬼。

由於范國喜的傳播及渲染，村中人開始在暗地裏談論楊大春，大家都猜想他找到了姘婦。日子久了，梳辮子的姑娘漸漸成了楊大春想像中的偶像，他認爲世界上所有的一切都沒有她那樣美妙。可惜自從見過兩次以後，再沒有機緣看到她的倩影。情緒上便發生了鬱結，許久都不得解脫。

第二年正月，武家寨趕廟會，附近村莊的人都去看戲。那條泥路上的紅男綠女絡繹不絕，楊大春也夾雜在人群中間，湧進了會場。

那地方有一條不成文的法律，就是凡在戲台下觀劇的男子，都不准轉回頭來，張望後面看台上坐著的女觀衆。如果有人膽敢違反，旁邊的就要出面干涉：「找你媽嗎？」被執問的人聽到這種聲音，必須向周圍的人表示歉意，不然就要被人趕出戲場，甚至被打個半死。

楊大春深知這個規矩，因此站在人群中動都不敢動，他本來是爲了尋找理想中的目標纔來看戲，如今反而受到了拘束。

過了半天，他覺得戲台上的表演索然無味，對於成千成萬的觀衆發生了卑視的心理。「一個大學生如何能與一群沒有知識的鄉民站在一起」這個從心底湧出的聲音，不停地嘲笑他。這纔從人叢中擠了出來。

楊大春既然脫離了眾人的監視，便像一匹脫羈的野馬，在會場周圍到處亂竄，企圖在偶然中遇到那個梳辮子的姑娘。

太陽漸漸西下，看熱鬧的人們紛紛散去，楊大春佇立在會場的出口旁邊，凝神注意著梳辮子的姑娘。始終沒有看到她的蹤影。

※　※　※

大好的機會過去了，楊大春怏怏不樂。但他仍不放棄最後的一線希望。他早巳從楊堅口裏探知那個梳辮子的姑娘是武忠棠的親戚，便問一個賣花生的老翁：「大伯！武忠棠住在那裏？」

那老翁打量他一下：「從那邊往西一拐，第三個大門。」

楊大春按照老翁的指示走去，只見兩扇油漆完全剝落，顯出殘舊的大門，緊緊地關著。

等了許久，也沒有看到一個人進出。他把顫抖中的手指輕輕接觸到門環，有心敲打幾下，又想到萬一有人出來，自己又如何對答。試了幾試還是把手指縮了回來。最後還是懷著悵惘的心情離開那裏。

之後，他每逢來到武家寨，總要到武忠棠的大門口張望一下，但每次那兩扇殘舊的大門老是緊緊地關著。

由於梳辮子的姑娘的影子佔領了楊大春的腦海，使他完全忘記了上進，一個學期又一個學期地在三官廟逗留下去。

五、指導員

民國二十六年七七事變發生，敵人的炮火驚醒了中華民族這個久睡的巨人。千千萬萬的青年奔赴前線，拿自己的頭顱，去保護祖國。後方的每一個角落，也揚起了壯烈的歌聲。

政府爲了組訓民衆，加强自衛，就派了一批受過嚴格訓練的幹部到各城各鄉宣傳抗日，動員民衆。

有一天，一個軍人裝束的中年人來到三官廟。那人兩眼深陷，戴著一副近視眼鏡；皮膚黝黑，顯得非常結實。背上掛著一個背包，腰間繫著一個藍色搪瓷茶杯。楊大春以爲他是找飯吃的散兵游勇，很不高興地說：

「村長不在家！」因爲那時有很多散兵到鄉下找村長。

那人好像聽不懂他的話，直直促促地走進來，從腰裏掏出一件公文，笑嘻嘻地說：

「我姓何，上邊派下來的。」

「楊大春一聽，急忙替他解下背包，招呼到屋裏，相談之下，纔知道他就是何傳廣。

※　　※　　※

楊璦早就接到上峰的訓令，要他把三官廟的一部份借給政府，充當訓練民眾的中心。如今何傳廣一來，他就猜想到這就是未來主持訓練的負責人。立刻爲何傳廣在自己家裏騰出一間舒適的住處，準備殷勤招待。

誰知何傳廣是個怪人，偏偏要住在三官廟，並且聲言自己燒飯，不需要村人照顧。原來何傳廣是閻錫山（注三）一手訓練出來的幹部，滿腦子革命思想，生活上工作上處處充滿了革命作風。他不以爲自己是人民的官，反而鞭策自己做老百姓的僕役。

※　　※　　※

由於知識程度接近的關係，何傳廣和楊大春很快就混得很熟。何傳廣常常手持釣竿到河邊釣魚，釣回來以後又親自烹調，邀楊大春同食。一次，楊大春偷偷叫老寶琴買來一瓶酒，兩人就打開了話匣子，談到女人。

「指導員！太太住在那裏？」

「太太還住在岳母的肚子裏。」

「怎麼？……你也……」楊大春以懷疑的眼光注視著何傳廣。

「稀奇嗎？」

「我不相信。」楊大春覺得一個將近五十歲的人不應當獨身。

「你有沒有見過和尚？」

「你不是出家人呀！怎可相提並論。」

何傳廣夾了一塊魚，放在嘴裏，再吐出了魚刺，然後說：「有甚麼不同？和尚是爲了佛，犧牲自己的情慾。我們是爲了三民主義，犧牲自己的幸福。動機不同，手段卻一樣。」

「難道娶了老婆，就不能革命嗎？」楊大春很不以爲然，拿起酒杯，猛猛喝了兩口。

「不是那樣說：有了老婆，就有了顧慮，就不能專心爲國家。」

「你情願這樣過一輩子嗎？」

「自然！我們革命幹部的每一個細胞，都是國家的。我們不願把自己的細胞，血液，消耗在國家之外。」

「那樣活一輩子死了，豈不乾燥無味？」

「你沒有聽過耶穌的話嗎？」

「甚麼？」

「一粒種子不落在地上死了，就不會生出新的莊稼來。」

「……」楊大春瞪著眼。

「我們也是一樣，雖然乾燥乏味地死了，將來的國家，卻有美好的前途。」

「啊……」楊大春若有所悟似的。

這一席話對於楊大春很有益處。

何傳廣來到三官廟以後的第一步工作是訪問村政幹部及地方紳士，一方面瞭解地方上的情形，一方面與他們交換意見。楊璦見他每天僕僕風塵，跑來跑去，就向他說：

「指導員！咱家有的是馬車，何必步行？」

「不，免得耽誤你們的時間！」

「沒有關係，你一吭氣，夥計就會替你套好。」

「不必，我有的是兩腿，難道腿不是用來走路，是用來擺樣子的？」

楊璦知道何傳廣的脾氣有些古怪，就不再說甚麼。

※　※　※

一天，楊大春已經吃過了晚飯，何傳廣帶著灰溜溜的臉孔從王家墳村回來，楊大春看他的樣子還沒有吃飯，很關懷地問：

「還沒有吃飯吧！」

「是的！」何傳廣應了一聲，匆匆走入廚房，挽起了袖子。

楊大春趕在後面，站在廚房門口：

「王村長沒有留你吃飯嗎？豈有此理！」

「他再三留我，我不願意打擾他們。」

「爲甚麼？」

「王家墳村是個窮村子，國難時期，開支又大，我怎忍心接受他們招待。」

「喫一頓飯，豈能喫窮！」

「話不是那樣講。我們革命幹部，不能爲了自己的方便，增加人民的負擔。」

楊大春看見何傳廣拌好麵粉，要趕麵條，搶著說：「你放下，叫老寶琴來幫忙！」

何傳廣舉起手掌擺了一擺：「不，我自己來，老人家忙了一天也怪累的！」

※　※　※

短短幾天的相處，楊大春從何傳廣身上學到了許多東西。他覺得何傳廣的每一句話，每一個動作，都具有一種極大的熱力。愛國愛民的感情不時從他的行動上顯示出來，犧牲奮鬥的火花更經常從他的血液中迸發出來。無論任何人與他接觸，都要被他溶化，被他習染。因此楊大春的生命開始發生了新的變化，另外一種神秘的潛力，充滿了楊大春的骨髓，隨時隨地要經過他的肌肉，發散出來。他決心要學習何傳廣的榜樣，把自己原來的計劃置諸腦後，面朝著另外一個新的方向。

六、大 會

經過半個月的醞釀，河西抗日救國總動員大會在三官廟正式成立。楊璦以地主的關係被推選爲主任委員。何傳廣以總幹事的名義負實際責任，秘書一職便落在楊大春身上。

大會爲了掀起抗日的熱潮，決定召開一次民眾大會。

那天，各村的男女老幼從四方八面向三官廟集中。公路上，驛道上，小路上，田徑上成群結夥好像螞蟻般的人潮川流不息地湧來，直把三官廟前的葦田踐踏成平地。一輛一輛的馬車，牛車，自行車停放在穀場上，大路邊。賣零食，賣河撈，賣瓜果的商販擺滿了村前村後。老一輩的人說：三官廟香火最盛的時期也沒有這一次熱鬧。

大會一開始，楊大春領導唱國歌，鄉下人瞪目結舌，那裏會唱得出。幸虧那些青年學生帶頭。空中纔揚起來：「三民……主義……吾黨……所宗……以建……民國……以進……大同，……」

這是三官廟有史以來第一次有那麼多的人唱歌。

※　※　※

何傳廣在會上口若懸河地講：

「如今國難當頭，應當有錢的出錢，有力的出力……」

「鬼子來了，我們的身家性命就失掉了保障……」

「鬼子在東北，在平津姦淫燒殺，無惡不作……」

民眾的情緒，非常激動，忿怒的火燄迅速地燃燒著，一群莊稼漢再忍不住了，在人叢中舉起了拳頭：「我們要打倒日本！」

這種發自心田的吼聲，震動了會場，震動了每一個人的心弦，震動了三官廟殿頂上的每一片綠瓦。

所有的民眾已包括白髮蒼蒼的老太婆，乳臭未乾的小娃娃，羞人答答的大姑娘，黑手黑臉的挖煤漢，一齊舉起了雙手，張開了大口，恨不得立刻把敵人吞掉。

楊大春坐在台上一滴滴的熱淚從眼眶中滾到腿上又滴到地上，這是他第一次看到農村同胞的愛國熱情。他覺得眼前的都是可愛的，可敬的，自己一定要發憤努力，擔任他們的前鋒。他的思想，在被會場的氣氛過濾，淨化著，最後只剩下一個純潔無比的意象，那就是把自己獻給國家。

大會閉會之前，何傳廣特別宣佈：

「受過中等教育以上的青年留步！」

這是爲了和他們進行個別談話，藉以瞭解他們的願望，同時也給計劃中的短期訓練徵收學員。

八九十個男女青年跟著何傳廣走進一間課室，諦聽他講述：「抗日戰爭中知識青年的使命。」大家奔騰著的情緒，繼續高漲。到最後，沒有一個人還能看得見自己。

接著，約談開始了，男的由何傳廣主持，女的由楊大春負責。

七、張奇蘭

楊大春接受了這個任務，潛意識又在蠢蠢欲動，一陣飄飄然。因爲他早已發現武家寨那個梳辮的姑娘也在人群中。「踏破鐵鞋無覓處，得來全不費功夫」，這兩句成語不停地在他的腦海中閃爍，使他的精神落入游離狀態中。他曾幾次想用理智壓制自己，結果總歸失敗。

「你叫甚麼名字？」楊大春盯著那張熟悉的面孔，陪著異乎尋常的笑臉。

「張奇蘭」她被盯得把臉歪向一邊，漫應著。

「你不是姓武？」楊大春詫異地問。

「不，姓張。」

「武家寨有姓張的嗎！」

「姓張的就不可以住在武家寨嗎？」

在這短短的幾句話中，楊大春覺察到奇蘭是一個倔强的女性，並不是個好惹的孩子。心底埋藏著的奢望，頓時消失。略略問她幾句，就叫來第二個。

其次輪到的是張的表妹武碧馨，她是個柔情似水的姑娘；看看楊大春的樣子似曾相識，便毫無拘束地說自己的抱負。但並沒有引起楊大春對她的注意。

跟著還有幾十個女孩子與楊大春談過話，楊大春除了把她們的一切登記在薄子上以外，並沒有留下任何印象，甚至她們一共是多少人，他也不大清楚。

※　　　※　　　※

青年們散去以後，楊堅走進來。他還沒有開口，就先扮個鬼臉：

「春叔！怎麼樣？那個梳辮子的？」

「不准胡說八道。」楊大春露出不屑的態度。

「真古怪！你不是很感興趣嗎？一年前。」

「一年前是舊楊大春！如今是新楊大春！新舊怎能相提並論。」楊大春很莊重地說。

「我不信，人常說：『狗改不了吃屎』，你會改變？」楊堅搖晃著那個尖尖的腦袋。

※　　※　　※

楊大春近來受到何傳廣的感染，人生觀發生了極大的變化。再加上全國各地抗日怒潮的澎湃，他決心集中精神，擔負起救國救民的任務。這次與張奇蘭談話時，她那種冷冰冰的態度，帶著尖銳的詞鋒，使他對一年來夢想中的梳辮子的姑娘，也完全絕望。

他走近鏡子前邊，照了一下。自言自語地說：「快要三十歲了，但已失去了對少女的吸引力。」似在空中有一個聲音，要他效法何傳廣，以宗教家的精神，將生命的餘暉反照在民族革命的事業上。

他離開鏡子，在地上踱來踱去，他覺得何傳廣是神，自己是人，人怎能效法神，一陣自卑感油然而生。他迷惘了，沉溺了，再也找不出自己的方向。

時間一秒一秒地過去了，楊大春從迷糊不清的狀態中醒了過來，楊堅還斜躺在椅子上。

「春叔，她已經送上了廟門，我看你要抓緊機會，這樣的尤物，豈能放過。」

「我不，抗戰不勝，絕不談愛。」這是楊大春尋求到的結論。

「哼……」楊堅嗤了一下鼻子，扭頭就走，楊大春趕到門口：

「老侄兒，往後瞧。」

八、錢

訓練班開學的前夕，楊璦四出張羅，籌措經費，一連跑了三天，只捐到幾十塊錢。因爲農民的錢來得不容易，他們大多視錢如命，要他做別的還可以，要他們捐錢就難如上青天了。楊璦爲了這個問題，急得好像熱鍋上的螞蟻。想來想去，都想不到一個有效的辦法。便把大兒子叫到跟前，讓他出個主意吧。

「爸爸，我先問你，咱捐了多少？」

楊璦皺了眉頭不高興兒子這樣問，但又不能不答：

「咱沒有問題，只要別人肯捐，爸爸豈肯後人？」

「爸！你行不通的原因就在這裏，我們在本村，不算太窮，你又是主任委員，應當起個領導作用。咱捐得多了，別人自然跟著來了，如果我家不肯捐，別人當然觀望不前。」

「……」楊瑷被兒子說得啞口無言，張著咀說不出一個字。

「爸爸！我的意見……咱捐五百塊錢、二十石小麥。」

「那用這麼多？」楊瑷的臉漸漸拉得長了。

楊大春眼看父親不肯採納自己的意見。就輕輕走了出來。

楊瑷有個毛病，就是一有了疑難事情，便盤著腿坐在坑上，閉著眼睛，一句話也不說，把頭部和上身向左右搖過來搖過去；不到問題解決，絕不會停止。這天晚上，聽了兒子的建議，辦法雖然好，只是犧牲太大，畢竟有些捨不得。因此左思右想，猶豫不決，一直搖幌到天亮，總算把問題想通。從被窩裏把他太太叫醒，數出五百塊銀洋，太太忙著問：

「天這麼早，你忙著給誰？」

楊瑷有心不答，又恐怕瞞不了她：

「捐給總動員大會。」

太太一聽到捐字，一屁股坐在炕緣上，臉上的青筋幾乎爆出來，半天纔指著楊瑷：

「這麼多的錢去捐？我看你也是越老越糊塗了。我跟你一輩子，天天侍候你，你捐給多少？慢說五百，五十都沒有。」

楊璦見太太喋喋不休，提著錢囊就跑，太太腳小，屁股又像個甕子，那裏趕得上他。快到三官廟了還聽到她在背後大罵：

「你這個專制魔王，你想到怎樣，就要怎樣。」

各村村長聽說楊璦捐了五百塊錢，又從粮棧撥來二十石小麥。大家爲了面子，也不肯落後，何況這又是用來救國？所以不到兩天，大會收到各村的捐款總共一萬六千七百二十三元五角。此外，還有小麥一百五十石，玉蜀黍八十四石二斗，山羊九十二隻，綿羊一百三十三隻。

何傳廣曾經到過很多縣份，總覺得農村的捐款不够熱烈。如今看到三官廟附近的村莊，捐了這麼多的金錢和粮食，心中特別高興。立刻將捐款人姓名實報上峰，請求嘉奬。同時取得各委員同意，撥出三千元匯往南京軍事委員會，慰勞前線官兵。其餘完全用來充當總動員大會的經費。

九、王天狗

王家墳村有個王天狗，從小父母雙亡，祖母劉氏把他撫養成人。雖然沒有讀過書，天資卻非常聰明。平時在村中見義勇為，大家都很喜歡他。如今二十一歲了，村長僱他在村公所跑腿，村中有什麼差使，一定派他前去。

舉行民眾大會的那天，王天狗也有參加，散會以後，一般知識青年被何傳廣留下。當時王天狗就很不服氣，他曾向人表示：

「抗日救國，人人有責；為甚麼還分他有知識沒知識？」

有幾次要找何指導員理論，都被村長拉住。後來聽說三官廟上，要開訓練班，他更加著急。村長只得好好勸解：

「人家並非小看你！因為受過訓就要領導自衛隊，做地方上的幹部。試問你能不能幹得下來。」

「幹不了大的，也可以幹小的呀！」王天狗伸伸大拇指，又伸伸小指。在村長面前左比劃，右比劃，引得旁邊人哈哈大笑。

「在村公所當差，不是做小的嗎？何必去受訓？」

王天狗聽了，覺得村長的話也有道理。自己成天送公事，送公糧也是爲國家效勞呀？

※　※　※

一天，王天狗推著小車子，上面載著兩口袋認捐的糧食。一路吱吱呀呀地來到三官廟。進山門的當晚，與何傳廣碰個正著，何傳廣的視線從眼鏡的上方透過來，笑咪咪地對他說：

「老鄉！辛苦了，歇歇吧！」說著就快步跑回去，端出一杯茶水來：「口乾啦，喝點吧！」

王天狗坐在推車上，一隻足踏在把手上，不停地抹脖子周圍的汗。這時他覺得何傳廣和藹可親，不如乘機會請求他一件事。但又怕自己拙口笨舌，說不圓滿，因此幾次沖到咀邊，又咽了下去。直到何傳廣走了，他又拔足追上去。

「指導員！我是個有眼的瞎子，不配在這裏受訓。不過我想爲國家出些力，因爲我除了力以外，甚麼都沒有。你能不能介紹我去當兵？」

「你現在就是爲國家出力，難道推一車子粮食，不用力嗎？」

「不，這個……我要到前線，殺日本鬼子。」

何指導員見他很誠懇，就答應爲他幫忙。

※　　※　　※

過了幾天，王天狗接到學兵團的通知要他去報到，直歡喜地跳了起來。凡是他所認識的人，他都叫人家看他那封信。

這消息吵到他祖母耳朵裏以後，對於老人家無異是晴天霹靂，一把手抓住他的衣襟，順手又抱住他的腿，老淚縱橫地說：

「天狗！你的翅膀長硬了，要飛啦！」

「不飛，奶奶：我只是打日本。」

「打日本，人多著呢！王家只有你一根苗。」王老太太漸漸嗚咽起來：「你媽死時，你只有一歲多，成天吱吱哇哇，哭個不停。鬧得我老太婆整夜不能睡，又要哄你，又要餵你麵糊。咱家沒有錢，人也死光了，我老太婆東家借，西家要，爲了你，受盡辛苦，流盡眼淚，好不容易才把你撫養成人，如今你剛剛會銜一點錢回來……就要……」

王老太太訴說起悲慘的往事，感動得王天狗也淌下眼淚。祖孫二人，憶起從前不幸的遭遇，放聲大哭。

王天狗平日非常孝順祖母，他想用勸解的方式很難脫離祖母的糾纏。於是改變話頭，好好安慰他老人家，聲言安心在村中工作，絕對不叫祖母擔心。

「可不要騙我！你走了，我就氣死。」王老太一再叮嚀。

祖母的淚水澆不熄王天狗心中燃燒著的愛國烈火，他曾幾次顧念到祖母年老，壓制自己打消去意，終不能勝過那股從生命中迸發出來的力量。他爲甚麼熱愛祖國，自己也莫明其妙。他只覺得要打倒日本，必須自己這一股力量。於是把自己身上的錢，以及村公所欠他的工資，完全交給村長，託他照應祖母，偷偷離開了王家墳村，連夜趕到省城。

※　　※　　※

十、祖母

第二天正午，王老太太不見孫子回來用飯，心中有些疑惑，便扶了拐杖到村公所查問。村長看到她老人家的神情，知道瞞不住她，只好一五一十對她講明。

王老太太聽說孫子果然不辭而去，後腦上只剩幾撮白髮的頭顱不停地顫抖，一句話也說不出來。眼眶裏含著淚珠，轉身就走。村長和好多人的勸慰，她似乎沒有聽到，或者她認爲那些空頭話根本沒有價值。

王老太太回去把門窗關好，一個人在黑暗的屋子裏號哭，任何人叫門，她都不應。好像她覺得這世界是黑暗的，她應當在黑暗中死去。

過了三天，隣居們聽不到王老太太的哭聲，大家擔心會出了甚麼事情，等到村長破門而入，王老太太的屍體已經殭硬。

何指導員據報，立即報告上峰，司令長官除了撥款二百元，給她辦理喪事外，並親手題了四個大字「千古慈範」，以示褒獎。

王天狗祖母氣死的消息。傳到武家寨，武忠棠的母親把孫女武碧馨、外孫女張奇蘭叫到面前，警告他們：

「你們兩個可不要學王天狗，偷偷地走了。」

「奶奶！你放心，我們女孩子，怎麼會？」

「不會？恐怕你們著了魔就會……」

「甚麼魔？姥姥！」張奇蘭故意問。

「那些穿二尺半的，他們來到鄉下專門引誘年輕人？」

「不，奶奶！何指導員很有學問！」

「呸！甚麼學問？有時有學問的人還不如個鄉下放羊的娃兒！」武老太太表示輕蔑的樣

子。

「姥姥！現在是抗日救國的時代，沒有學問怎麼行？難道放羊的娃兒也會……」

「救國！你們是不是也要去救國？」

「不是，不過何指導員要我們參加訓練班。」

「胡說！這麼大的姑娘，入甚麼訓練班！」

「奶奶！只有兩個月的時間，我們每逢禮拜天一定回來看你。」

「姥姥，答應我們！」張奇蘭也附和武碧馨，作出了央求的態度。

武老太太掀了下屁股，又用力坐下去，炕被震得發出「咚」的一聲，嚇得武碧馨倒退了幾步。

「不行！我不准」武老太太咬牙切齒地說。

「姥姥，我們要……」

「你們要去，我就把你們趕出門外！」武老太太的話越說越高。武忠棠聽得母親動氣，急忙走過來：

「媽！你老人家又生甚麼氣？」

「還不是這兩個妮子！」武老太太不停地咳嗽，武忠棠用右手在母親的背上，輕輕地按著。武碧馨和張奇蘭就乘機走開。

※　　※　　※

等到武老太太的氣平息之後，武忠棠低聲下氣對母親說：

「媽！讓她們去吧！何必生氣！反正離家也不遠。如今男女青年都要到外面做事，她們在家還不是玩？」

「這個……」武老太太考慮了一下，然後說：「忠棠，不過你要担保，如果你姐姐留下的這一點骨肉出了甚麼事，我就要唯你是問！」

武忠棠連連點頭：「媽！你放心。」

※　　※　　※

十一、嬉　戲

張奇蘭的母親是武忠棠的胞姊，三年前夫妻倆在飛機失事中殞命；武老太太便把外孫女接來寄養。他們一家大小對張奇蘭愛護備至，尤其武忠棠的太太更把張奇蘭視若親生。凡是自己的女兒武碧馨有甚麼，張奇蘭就有甚麼；碧馨喫甚麼，奇蘭也喫甚麼；從來不重此輕彼，兩眼看待。

武碧馨與張奇蘭也非常要好，三年多了，出必同行，入必同宿，向來沒有爭吵過一句。不瞭解底細的人都說她倆是一對孿生姊妹；以前在省城中學讀書時，同學們稱他倆為「姊妹花」。

張奇蘭秉承父母的遺傳，生得一副秀美的外型。尤其那兩隻烏溜溜的眼睛，和一對永遠掛著笑容的酒窩，無論任何人見了，都要發生憐愛之心。她的性情和普通女子不同，剛強中略帶溫柔，似活潑又似恬靜。說起話來，清脆悅耳，每一個字都合乎音樂的節拍。凡是女性所有的優點，都可在她的身上找出來。

她在外祖母家裏住了三年，對於武家上上下下給予她的愛護，非常感激。去年舅父生意失敗，賦閒在家，家用發生困難，她和表妹因而失學；她對這種不幸的遭遇，從來沒有怨言。如今外祖母阻止她們去參加訓練班，她也不以為意。她深信外祖母是出於善意。並不是故意刁難。

※　※　※

張奇蘭與表妹離開外祖母的臥室以後，表妹被舅母喚去工作。

自己一個人輕手輕足地又返回外祖母的窗前，低著頭靜聽舅父和外祖母的談話，廊下的鸚鵡見她佇立在那裏，不住地叫著：「奇蘭……奇蘭……」

他抬頭望著那討厭的飛鳥，連連作著手勢，表示要它住嘴，它卻叫得愈高。因此，屋內傳出來的音波，完全受到干擾。外祖母和舅父談些甚麼，她一句也沒有聽到。

一會兒，武忠棠推門出來，見孫女躲在窗下，立刻向她作個手勢。於是，張奇蘭跟著舅父走上通道。武忠棠轉過頭來，低低地說：

「奇蘭，我已經給你們講好了，姥姥答應准你們去。」

張奇蘭一聽，喜出望外，向舅父說聲「謝謝舅舅」就蹦蹦跳跳地找表妹去了。

※ ※ ※

武碧馨在年齡上小張奇蘭四個月，生理上卻比表姊早熟，最近她的肌肉裏，好像有許多小蟲在爬動，終日煩悶得要命。

前幾天從三官廟開會回來，不知什麼原因，令她對三官廟發生了十分濃厚的興趣；早晚都吵著要去參加訓練班。這次碰了祖母的釘子，非常沮喪，一個人溜到後園，向著滿池的魚兒傾訴自己的寃屈，咀裏不由地說：

「你們該是多麼自由呢？一個人反而不如你們！」

這話剛剛說完，眼前一黑，兩眼被背後伸過來的兩隻手緊緊掩住。從她平日的體驗，很快就猜出是表姊。很不高興地說：

「有甚麼快活的，還來逗人？」

「姥姥准許我們了！」

「吹牛！我不信！」

「你爸爸說的，不信去問他。」

武碧馨深知父親的頭腦，比較開明，許多時候，父親是站在她們的一邊。諒必是父親在祖母面前替她們力爭，因而獲得祖母的准許。便相信了表姐的話。臉上的愁雲，一掃而空。順手抓了一粒石籽，扔入池中。拉長了聲調：

「那個姓楊的又要見你了！」

「管他的，我不認識他。」

「我看他很喜歡你！」

「胡說！」

「不然，他不會一直盯著你！」武碧馨若有所悟似的，「啊！」的大叫了一聲：「我記起了，去年摘南瓜的時候，在路口等我們……」

「不要臉的！下流貨！」

「他下流嗎？你就不必去了！」

「我不是爲了救國，纔不去哩！」

「其實，那人也怪不錯啊！」

「不錯：你嫁給他！」武碧馨聽了，一把手插在表姐的胳肢窩下邊，盡量地又抓又捏，張奇蘭笑得前仰後翻，幾乎掉到池中。兩人吱吱咕咕，扭成一團。一會兒張奇蘭得手，乘機咬著表妹的脖子。一會兒武碧馨又翻起身來，把張奇蘭壓在草地上，放肆地吻著，摸著，復在腰部與腰部之間作出輕微的擺動。張奇蘭掙扎不得，氣吁吁地警告：

「小鬼你真會作怪！看今天晚上我整你！」

兩人正在僵持的時候，園丁小李走來，武碧馨放鬆了手，紅著臉，頭也不顧地奔回前院。張奇蘭被表妹攪得頭髮零亂，在草地上整理辮子。小李露出一排黃牙，嬉皮笑臉地說：

「小姐，剛才你們玩甚麼？」

「你管得著！狗捉老鼠！」張奇蘭啐他一聲。

「我……我……」小李還沒說出，張奇蘭知道他沒有好話，劈臉就是一個耳光，咬著牙說：「你怎麼？我先給你個厲害嘗嘗！」

小李被打得滿天星斗，抱頭鼠竄，遠遠還聽著張奇蘭哼了一聲：「癩蝦蟆還想吃天鵝肉！」

十二、示威

開辦訓練班的事，已經決定了。一切準備工作都在密鑼緊鼓中進行。

距離開學還有七天，突然有一群手持木棒的青年，在三官廟前的空場上出現。聲言要找何傳廣算帳，恰巧那大清早，何傳廣進了省城，楊大春不得不硬著頭皮應付。强自鎮定地站在山門的台階上問道：

「鄉親們，有甚麼事？」

「我們要的是何傳廣。」爲首的一個說。楊大春認得他是本村的韓偉。

「都是自己人，何必太衝動，有話請慢慢說！」楊大春說話的同時，群眾一齊發出呼聲，接著大喊：「何傳廣，有膽子就出來！」

「他自己親口說：『抗日救國，人人有責。』爲甚麼中學生能受訓，我們讀過小學的就不能？」一個女孩子的聲音。

「太小看人了！」另一個附和著。

楊大春把兩臂攤開，表示要他們住嘴！

「請不要亂吵，希望各位選舉一個代表出來，詳細談談。」

「不，我們要，何傳廣！」群眾舉起了手中的棒子，亂喊亂叫，一窩蜂衝進了山門。

楊大春手無寸鐵，怎能抵得住一百多人，只得站在一旁，任憑他們在廟中搜尋。

※　　※　　※

騷動的群眾既然找不到何傳廣，就坐在院中等候，他們吵著說：

「不見到何傳廣，永遠不離開三官廟。」

楊大春見到群眾憤怒的情緒，深恐何傳廣一旦回來，真的叫群眾打一頓，如何是好。便走近群眾低聲下氣給他們說：

「諸位：這次召集中學生受訓，是我們地方上的父老決定的，並不是何指導員的意思。何指導員本來主張召集所有的知識青年，一齊參加，父老們認爲地方上知識青年太多，這裏地方狹小，容納不下，纔決定第一期先集訓中學生，第二期就輪到諸位。希望你們不要誤會，做出魯莽的行動，影响地方上的名譽。」

「第二期是我們？不相信！」有人還在嚷著。楊大春爲了證明自己的話，轉身把辦公室的卷宗搬了出來，翻開動委會有關訓練班的紀錄，給他們看。

帶頭的幾個青年覺得自己幾乎做錯了事，便向群眾招了一下手，示意他們退出廟門。同時對楊大春說：「楊先生，原諒我們，希望你不要把這情形告訴何指導員。」

這場出乎意料的風波，纔算停息。

十三、中國不會亡

當晚，何傳廣回來聽到日間所發生的事件，不但毫不惱怒，反而更加興奮。何傳廣有一個習慣，就是凡遇到特別開心的事，嘴裏就會哼起京劇來，不管有沒有人在跟前，他總是自拉自唱：「楞格里格楞……」他所唱的也不過是武家坡，甘露寺，追韓信等一類的陳腔舊調。

這晚他唱到「他有個……二弟……壽亭侯」突然停了板，拍了楊大春一下：

「大春！你說中國會亡不會亡？」

「當然不會。」

「何以……見得？」又學著京劇的道白。

「愛國的熱潮，風起雲湧！前有王天狗仗義從軍；今天又有這班青年集體請願；可見人心不死。」

「是啊！我們應當爲這一點興奮，爲這一點歌唱。」說著就用自編的譜子唱起來：

「中國不會亡！中國不會亡！有我們熱血青年，中國那會亡？」

楊大春的情緒也震盪了，跟著何傳廣反復地唱著。起初聲音很低，後來越唱越高。充滿信心的雄壯歌聲，衝出了瓦櫳，縈繞在三官廟的空中。

門房裏的老寶琴，聽到他們的歌聲，以爲出了甚麼事，急忙跑到窗下拚命喊叫：

「楊老師！楊老師！」

「中國不會亡……中國……」他倆仍在唱著，那能聽到老寶琴的喊聲。老寶琴恐怕他們被鬼迷著，只好推門進去。

何傳廣一見到老寶琴進來，二話不講，一把拉住老寶琴的臂膀：

「中國不會亡，中國不會亡，有你老寶琴，中國那會亡！」逐字逐字地唱著。

老寶琴活了一輩子，也沒有遇到任何先生對他這樣親熱，如今何指導員捉住他的臂膀，真有些受寵若驚，撕裂了嘴笑咪咪地回答：

「是！是！中國不會亡。」

之後，六十多歲的老寶琴學會了一首歌，時常坐在山門口張著嘴巴：「中國不會亡，……有我老寶琴，中國那會亡！」

鄉下的孩子，無論甚麼地方遇見他，都會跟在他的背後，要求他唱這首歌。村中像范國喜之類的人再不呼喊他的名字，一見面就稱他「不會亡」。

※　※　※

十四、讚美工作

開學的前一天是報到的日子。

來的最早的是傅莊的牛青蓮。——這個女孩子，矮矮的身材，長得結結實實。見了陌生人，有說有笑，態度極其大方。何傳廣見她有領袖才能，便指定她為女生的臨時代表。

牛青蓮進了女生宿舍，放下行李，立刻打來桶水，揩抹窗上的玻璃。又把每一張床舖，重新擺得整整齊齊，最後拿起掃帚，掃去地上的骯髒。這樣忙了半天，汗淚兒從額上流到兩頰。同時由於血液急速地運轉，皮膚漲得通紅，整個面孔，有如雨後的桃花一樣。

剛剛收拾停當，忽然聽得院中有笑聲傳來，急忙撩起衣襟，擦了一把汗，拍拍頭髮上的灰塵，走到門口：

「諸位！請進！」

何指導員帶來一群女生，替她們作個介紹，其實除了張奇蘭是外鄉人以外，其他多數女孩子都同過學，縱然一時喚不來名字，面孔並不生疏。

「班長，受累了！」

「我們的班長，多漂亮！」

「我不是班長，只是爲大家服務。」牛青蓮極力否認自己有那個學銜。說著就按著名冊招呼她們找到自己的位置。

※　※　※

楊玲是本村的女子，從小就在三官廟上學，對於廟內的設施，當然熟悉。等到各人把床舖收拾妥當以後，主動說：

「各位小姐，我帶你們去認廁所，免得尿在褲子裏。」

這句話逗得大家都笑了，一窩鋒擁著楊玲來到後院。

後院在正殿的背後，兩邊房屋，分別闢作厨房，倉庫，飯廳等。正面是一間副殿，供奉送子觀音。殿的兩旁分作男女厠所。他們把這種情形看過以後，有一部分同學就進入奶奶殿，石明春高聲說：

「觀音奶奶真美麗，活像我們的班長！」

「不！像你。」牛青蓮反駁過去。

「真的！有些像明春。」楊玲附和牛青蓮的意見。

張奇蘭走到前邊，拍拍楊玲的肩膀：

「不像！都不像！我們同學還沒有結婚，怎樣像奶奶？」

料不到這句話，觸犯了楊玲，立刻低下了頭，脖子漲得通紅。原來楊玲已經結婚，只因夫妻不和，一直住在娘家。現在聽到張奇蘭的話以爲她有意挖苦自己，不覺自卑起來。

潘月娥與楊玲同村，深知她的底細，連忙催促大家返回宿舍，以免引起更大的尷尬。

他們穿過走廊，正要轉彎，男生傅忠和吳健東抬著兩口大鐵鍋走來，一時來不及閃避，抬槓的前端，不知如何碰到張奇蘭的下額上。猛然「啊唷」一聲，兩手抱住傷處，倒退了幾步，嚇得大家直冒汗。

「對不起，不要緊吧！」傅忠放下抬槓很抱歉地說，順手摸著對方的面頰。

「呸！誰要你看？」張奇蘭把他一推。這時武碧馨一壁攙住表姐，一壁瞪著傅忠：

「冒失鬼，眼睛長到那裏去了？」

「長在屁股上。」傅忠還在嬉皮笑臉。

「沒有廉恥的東西！」張靜華也指著他。

「廉恥多少錢一斤？」傅忠並不惱怒。

「臉有城牆厚！」石明春也奚落他。

女生們正在圍攻傅忠的當兒，一群男生掮著木柴，抬著煤炭走來。

「小姐們！讓開！讓開！我們這樣辛苦，你們還擺來擺去，礙手礙足！」為首的楊衷嚷道。

「甚麼是擺來擺去？」楊玲搶著問。

「不勞動就是擺來擺去。」

這句話激動了女生的情緒，牛青蓮很負氣地說：「我不相信，你們男子能做的事，我們就不能做？」

於是帶著大家，一齊湧出廟門，抬的抬，搬的搬，一會兒就把兩千多斤燃料，運個清光。

男生看到她們搶著做，只好走到一邊，去做別的工作。

何指導員從辦公室出來，看見女生一個個黑臉搽糊，剛才牛青蓮那張桃花般的面容也變得和挖煤的窰黑子一樣。急忙問：

「誰叫你們做這……」

「我們自己要做。」牛青蓮乾脆地回答。

「本來是叫男同學搬的……」

「男生可以做的，我們一樣可以做。」女生紛紛嚷著。

「好！好！你們富有革命精神！」何傳廣把兩手舉起來又放下去，壓住了她們的說話聲，很興奮地說：

「同學們！從你們這種表現看來，我們的訓練已經成功了一半，恭喜你們！」

女生們領受了讚賞，樂得唱起歌來：

「我們讚美工作，工作便是生命。

……我們各個欣幸。

工作，工作，我們永遠的歌聲。」

十五、選　舉

訓練班開學的日子到了，各村村長，村政幹部，地方紳士，農民代表都集中在三官廟參加訓練班的開學典禮。縣黨部書記長李元慶，縣長雷建章都趕來訓話。

楊璦以總動員大會主任委員的身份，擔任大會主席，這是他一生最高的榮譽，也是他生命史上第一次担任這樣重要的角色。他穿著長袍馬掛在台上大聲疾呼：

「同學們！好好努力，我決以全部身家支持你們！」

大家眼看楊璦由守財奴變成爲一個慷慨赴義的志士，不勝驚異。幾百隻眼睛都在欣賞這一位新興的民間領袖。

「前幾天我還是一個自私自利的人，現在我覺得國比家更重要。國亡了，家豈能保得住？與其等亡國，倒不如毀家保國。」

楊璦並不是個擅長演說的人，但那一顆火熱的心促使他滔滔不絕；聽眾的掌聲也跟著他出自肺腑的每一句話響個不停。

接著李書記長，雷縣長相繼訓話，李書記長說：「祖國的生死存亡，都掌握在諸位手中。你們肯犧牲，抗日必定勝利，你們徘徊瞻顧，國家就要滅亡……犧牲已到最後關頭，我們在抗戰建國的大道上，不能避免犧牲。」男生中有個白勵生，再不能壓抑自己的情緒，自動站起來呼喊：「我們要犧牲救國！」大家都跟著他高呼，會場上發生一陣騷動。

縣長在人聲雜亂中，踏上講台，用目光掃著男女同學：「想不到在這十幾個村莊，能掀起這樣的大熱潮，又有這麼多男女英雄，參加了救國的行列。希望你們把這種烈火，繼續燃燒下去，迅速燃遍全國……」許許多多的話，都好像鉛塊一樣，落在聽眾的心坎，也好像有生命的種子，撒在每個人的心田。坐在來賓席的楊堅首先受到震動，他覺得自己在抗日的洪流中，太渺小，也太懦弱。決心參加受訓，擺脫家庭的羈絆。散了會，賓客還沒有走，就去見何傳廣：

「何指導員！我也受訓，好不好！」

「受訓要在這裏住，你能離開太太嗎？」何指導員聽人說他是老婆迷。

「我可以在你面前發誓。」楊堅堅決地說。

「那你就參加好了，何必那樣緊張！」楊堅本來被派在訓練班擔任庶務，如今他要請求受訓，何傳廣答應了他。

人每逢遇到得意的事情發生，往往恨不得一下子就叫所有的朋友知道。楊堅從何傳廣屋裏出來匆匆找到楊大春，那時楊大春正在客廳與來賓們應酬，楊堅上前偷偷拉了一下他的衣襟，低低地說：

「春叔！請你出去，我有話給你說。」

「就在這裏說吧！」楊大春有些討厭他，楊堅見他不肯出去，就挨近他的耳朵：

「我也受訓。」這時客廳內的來賓都注意他兩人。楊大春便把楊堅的情形向大家公開，雷縣長很幽默地說：「愛國的熱潮高漲的時候，愛太太的熱潮就低降了。」惹得全屋子的人轟然大笑。

※　※　※

開學典禮舉後的下午，是第一次生活會議。男女同學很自然的分爲兩組，男生們佔據著禮堂的左側，不時扭轉頭來向右側的女生品頭品足，大概有十分之八以上的視線集中在張奇蘭的身上。何指導員還沒有來，吳健東用足踢了坐在前列的王天林的腿一下，悄悄地說：

「那個梳辮子的，應該做皇后！」

這句話被傅忠聽見了，立刻回頭來：

「不，她是女王！」

「是武則天第二嗎？」吳健東說。

「去你的！她比武則天更具威力。」坐在吳健東旁邊的崔道成也發表了他的觀感。

這話彷彿被張奇蘭聽到了，迅速將身體移動了一下，朝向右邊的窗戶，表示出不屑一顧的樣子。

「看她多驕傲！」吳健東向傅忠說：

「不，那是尊貴。」

他們正在吱吱喳喳的當兒，一聲「立正」大家都站起來，何指導員在講台上出現。

他首先闡述生活會議的目的，接著又提出三大原則，就是：經濟公開，人事公開，紀律公開。

他說：「同學們在受訓期間所需的生活費用，由動委會按月撥出，這筆錢由同學自己經管，如何支配，亦由同學們自己決定。這就是經濟公開。

任何方面負責的同學，都由同學自己選出，這是人事公開。

同學中有人犯了紀律，由生活會議決定如何懲處，教導人員不得濫施賞罰，這就是紀律公開。」

這種新的作風，引起同學們的興趣，個個交頭接耳，都在爲訓練班的前途慶幸。傅忠覺得經濟由同學們負責，恐怕會出弊病，就向何指導員提出問題：

「如果管錢的同學貪污怎麼辦呢？」

「我們同學都是爲革命而來，那個貪污……」楊玲瞪了傅忠一眼。

「人心隔肚皮，不能不防。」傅忠提出了他的理由。

「以己度人，防你自己好了。」張奇蘭哼了一聲，低低地說，但這句話還是傳到了男生那邊。無數的眼睛又集中在她的身上，大家都把爭論的問題忘記了，一齊來搜索這個美妙聲音的來源。如果不是何傳廣催促大家選舉，恐怕一直到散會大家仍然呆著不動。

選舉結果：張奇蘭、牛青蓮等五人當選經理委員，傅忠、楊玲等五人爲伙食委員，石明春、崔惠芳、李德源等五人爲監察委員。其中張奇蘭，楊玲得票最多，差不多百分之百。武碧馨眼巴巴地看著當選的名單中，沒有自己的名字，臉上露出不愉快的神色。心裏暗想，自己的一切，並不比表姐遜色，比起他人更不知要強過多少倍。爲甚麼別人就不選自己，難道同學們瞎了眼睛不成？她越想越生氣，頓時覺得面前的人影，都是自己的敵人。

於是，她暗裏嫉妒女同學，咒罵男同學，一連幾天，緊閉著嘴巴，不與任何人攀談。

十六、父　子

國父生平是開學後的第一課，由楊大春代理書記長講授。

講到國父臨終的時候，楊大春以悲哀的語調說：「孫中山先生在彌留中，還不斷地說：「和平，奮鬥，救中國」說時聲淚俱下，把沸騰著的愛國熱情注入了每一個音節，透過每一個字，散發出一種炙人的感情，使同學們的血液也急速的奔騰起來，課室內的氣壓顯得很沉重。

下課以後，同學們紛紛議論著，唐幹舉起大拇指：「楊先生，真了不起。」

「當然啦，有其父必有其子。」白勵生很從容地說。

「不，有其子必有其父。」楊玲搶著否定了白勵生的話，再加上一句，「你還有我清楚？」

「是怎麼回事？」白勵生向楊玲打聽內幕消息，許多男同學都圍攏來，用驚奇眼光，諦聽楊玲的妙論。

「楊瓊呀，最小氣。村中的孩子給他拜年，從來也不給半個銅板。有人在他樹上摘杏兒，就等於要他的命。」

楊玲說到這裏，本來有很多的話要說，猛然被牛青蓮一把拉到旁邊：

「不要跟男同學多嘴！」說著瞟了潘大成一眼，表示輕蔑的樣子。

「甚麼事呀？」楊玲的發表慾還沒滿足，急得問。牛青蓮眨一眨眼：

「你真傻！那潘大成不是好東西，當你講話的時候，他在背後顯出怪像，表示要抱你。」

「真的嗎？」

「不然，我拉你幹什麼？」

「壞東西！我去找他算賬！」楊玲掙著要去，牛青蓮看見武碧馨沿著牆腳走過來，喊了一聲：「小武，」武碧馨頭也沒有抬一下，楊玲撇了撇嘴：「喊他作甚麼？這兩天她很驕傲。」

「好像她變了樣，誰都不睬。」

「人家只睬一個人！」楊玲很神秘地說。

「是誰？」牛青蓮低聲地問。

「楊先生。」楊玲湊近牛青蓮的耳邊。

「我不信，你怎會曉得？」

「哼！今天上了堂，眼不轉睛地望著楊先生，從腳下打量到頭上。」

「她還沒有我們大，怎會那樣？」

再不要說年齡小，越小越會作怪，你看她的乳房，故意繃得高高的。」

「且不要說這個！我們跟著她看她到那裏去？」牛青蓮遠遠望著武碧馨，拖著楊玲向她的方向走去，一路閃閃躲躲，唯恐武碧馨發覺她們有意跟踪。

「楊玲！真的進去啦，不要臉的！」牛青蓮看到武碧馨踏進楊大春的房門，停在向日葵的花叢後邊窺視下一步的動靜。楊玲緊抓著她的手，眼睛不住地眨，嘴唇不住地動，表示形容楊大春的屋裏正上演某種親暱的鏡頭。

約摸十多分鐘，武碧馨出來了，她倆忙離開那裏，裝作若無其事地踱來踱去，楊玲笑了：

「小武，上那兒來？」

「去問楊先生一個問題。」武碧馨願意不願意地哼著。

「甚麼問題，告訴咱好不好？」

「沒……沒有甚麼！」武碧馨很侷促地溜過去了。楊玲把嘴一抿：

「有甚麼好問？分明是找機會接近。」

牛青蓮搖搖頭：「不可能吧！小武在女生中是數一數二的漂亮人物，雖然比不上張奇蘭那樣吸引人；但在秀美一方面來說，都在我們之上。你想他怎樣會看上楊大春？」

「信不信由你！」楊玲推了牛青蓮一把跑開了。

十七、楊　玲

訓練班的生活是嚴肅的，緊張的，每天除了六個鐘頭的學科以外，還有兩小時的軍訓，連同自修及小組討論會，足足要工作十二小時。遇到值日的那天還要照管廚房的工作，應付一切臨時發生的事情。因而使一部份體弱的同學，暗暗叫苦。

瘦架子李德源，本來不十分健康，經過七八天的緊張生活，突然病倒了。深夜十二點鐘，發了高熱，昏迷不醒，把同室的同學，嚇成一堆，手足無措。吳健東急得直轉圈子：

「楊堅！怎麼辦，這傢伙死不了！」

「你快去報告指導員！」

「指導員睡了，你去好一點，你們是好朋友。」

楊堅揉揉睡眼，身上披了一件毯子，還沒有推門，看見玻璃外邊有一個黑影晃動，腦皮一緊，不由地驚叫一聲：

「有鬼！」

「叫甚麼？這麼晚還不睡？」想不到是何傳廣的聲音。

原來何傳廣每晚都會起身巡視幾次，一方面查查放哨的同學盡不盡責；一方面也恐怕同學們逾時不睡，休息不好，影響第二天的學習。這時恰巧走過楊堅們那間寢室。

「報告指導員，李德源病得很嚴重。」楊堅隔著窗戶結結巴巴地說。

何傳廣一聽到同學有病，急忙推門進去，摸摸病人的頭，立即吩咐楊堅，吳健東把病者抬到醫療室。並且叮囑他們不要高聲講話，以免吵醒其他同學。

楊堅把李德源放在醫療室的床上，呆在一邊，看著指導員給他診斷，何傳廣一抬頭：

「你還沒有走！快去睡！」說著就把楊堅推出門外，嘩啦一聲，關上了房門。

※　　　　※　　　　※

女生寢室的鼾聲，壓倒了外面傳來的一切聲響，除了楊玲比較醒睡以外，其他女同學都睡得如死豬一樣。

女生寢室與醫療室分別座落在中院未梢的兩旁，兩者遙遙相對。任何一方點起燈來，都可透過玻璃映到對方的窗上。楊玲睜開睡眼，看到寢室中明晃晃的。她憑著經驗，很快就意識到醫療室一定點起了燈。她被好奇心驅使，立刻翻身起來，探頭探腦地望著醫療室的動靜。

她看見一個人影不停地在移動，有時彎下腰，有時又站起來。她在想：

「是那個病了，待我去看個究竟。」

想著就穿了衣服，拖了兩隻鞋，走了出去。快到醫療室的時候，她已經看出那個人影是何指導員。她惟恐何傳廣聽到她的腳步聲，便將鞋子除下，拿在手中。這時她樂得笑了，因爲她想到手中的鞋子，可以當武器使用，如果黑暗中有人向她非禮，她就要用鞋子打在他臉上。

她一寸一寸地挪移到窗下，斜著身子，止住了呼吸，向室內窺伺。

床上躺著一個人，是男人，是女人，她看不清楚。只見何傳廣燃著酒精，煮針頭，大概準備給病人打針。

「指導員還會做醫生！真是萬能幹部！」她在驚訝著，然而並沒敢發出聲音。

指導員注射了以後，又扶著那人的頭，餵了他一杯開水，蓋上毯子。

最後他打了一個呵久，態度顯得很憂鬱，在地上踱來踱去。

楊玲恐怕指導員推門出來，便輕輕地拔足飛奔。一時不小心，腳趾碰住了通道旁邊的石頭，疼痛直穿心窩，她才記起了自己還沒有穿鞋子，不由地又想笑。

※　　※　　※

第二天清早，楊玲在一邊與女同學談論昨晚所見的事，傅占元拿著牙刷走過來！

「楊同學！又有什麼好消息。」

「沒有！」

「沒有！還騙我，昨晚中院有一個赤足姑娘。」楊玲知道他是說自己，臉旦兒羞得通紅！

「鬼東西！你怎麼曉得？」

「吳健東說，他親眼看到你，提著鞋子，赤著腳，是不是？」

「活見鬼！我根本沒有看見他。」

「事實就是事實，何必抵賴？」

「真的！昨晚發生了甚麼事？」楊玲改變了態度，問傅占元。

「是吧！你承認我就告訴你，李德源病倒了，幾乎就嗚呼哀哉。」

「現在好了吧！」

「指導員著手成春，已經治好了，不過還要休息幾天。」

「啊，指導員真好！」

「好？你……」吳健東扮個鬼臉時轉身就跑。

「砍頭鬼！你不要走！」楊玲舉起一杯水向吳健東的背後潑去，但沒有潑中。

楊玲從吳健東口中得知昨晚躺在醫療室床上的是李德源，不禁對何傳廣發生了敬意。她想國家有這樣一位忠實的幹部，真是天大的幸運。一個母親生了這樣一個兒子，也實在值得驕傲。可惜自己已經嫁人，不然找到一位這樣的夫婿，兩人一同獻身革命，該是多麼理想。她想到這裏，臉上覺得熱辣辣的，掏出小鏡子一照，兩頰好像開放的桃花，眉宇間佈滿了春意。擔心被女同學看出自己的破綻，轉身就走開了。

十八、李德源

因爲楊璦是李德源的姑丈，李德源病倒的消息很快就傳到姑母耳中，女人對於娘家的親人特別關懷，大清早就趕到三官廟探望她的侄兒。

楊璦的太太已經五十多歲了，肥胖的身體在五寸長的小腳支撐下移動，自然非常吃力。當她爬上三官廟的台階時，已經氣喘吁吁，門房上的老寶琴，一看見是她，慌忙走上前去，彷彿狗兒看到主人似的。

「老嫂子，早！這麼大清早上廟有甚麼事？」

「還不是看看德源。」說著就跨進山門。

老寶琴領她到醫療室，教職員與同學們都出操去了，只留下李德源一個人軟綿綿地躺在病床上，並沒有任何人在旁邊照顧。

楊老太太看到這種冷清清的氣氛，眼眶中早已擠出兩滴眼淚。回頭摸摸病人的臉！

「德源！好一點吧？」

李德源聽到姑母的聲音，睜開了兩隻失掉光彩的眼睛：

「姑母！你早，我沒有事。」

楊老太太見侄兒平常淘氣的勁兒一點也沒有了，不禁老淚縱橫？

「源！回家去吧，家裏有人照料。」

「不，指導員懂得醫藥，又對我愛護備至。」李德源搖搖枕頭上的頭。

「傻孩子，別人總沒有自家親，你聽爲姑母的話。」

「姑母，你放心，我不。」

「要不然到姑母家裏休息幾天。」

「姑母，謝謝你，也不給你添麻煩。」說著就閉上了眼睛。

楊老太太看他執意不肯，只好走出來吩咐老寶琴找個人到她娘家報訊。老寶琴送他走出山門，遠遠看到范大炮在渠堰上站著，立刻擺了擺手，就叫范大炮去李村走一趟。

范大炮到了李德源家中，把李德源的病狀，渲染得非常嚴重，正在圍著用飯的全家人聽了，連忙放下飯碗，套了一輛馬車，飛也似的趕來。

李德源的母親一生只有這一個男孩子。把他看得比自己的生命還寶貴。一路上已經哭得眉泡眼腫，進了醫療室時又看見李德源躺著不動，突然放聲大哭，口中還訴說著一些別人聽不懂的話語。

李德源從夢中驚醒，看見全家人都像個淚人，心中十分詫異：

「媽媽！我好端端的，你們幹甚麼傷心？」

這時哭聲已經傳到了課室，何傳廣和全體員生不知道發生了甚麼事，一齊湧到醫療室門口。

李德源的母親，以前在民眾大會上，曾見過何傳廣，如今一見他走來，「撲隆」一聲跪在地上：

「先生！請你放我兒子回去吧！」

何傳廣連忙扶她起來，還沒有說出一個字，李德源就堵住了他的咀：

「媽！爸！我絕對不回去。」

「哥！我們要你回去」李德源的兩個妹妹也在嚷著。

「你不聽話，難道要死在這裏不成？」他父親也急了。

「是的！爸！我死也死在這裏。因爲我已經把自己獻給了國家。你想放在祭壇上的羊，還能拿回去嗎？」

他母親不停地在一旁啜泣。

李德源掀了掀身：「媽，你不要傷心，將來打敗了鬼子，我會回來。」

李德源的父親見兒子意志堅決，回頭極力安慰妻子，過了片刻又向何傳廣點了點頭。

「先生！麻煩你了，我們把德源託靠給你，希望你好好管教他，愛護他。」

何傳廣面對李家的全家人，覺得自己的担子，非常沉重，熱淚一滴一滴地從眼角滾出，半響才說出話來：

「大哥，大嫂！我願盡我的能力。」

※　※　※

十九、第一

李德源痊癒了不久，何傳廣率領全體同學到附近的村莊刷標語，那是他們課目中「宣傳工作」的一部分。

北國的秋天是多雨的，霏霏的細雨在矇矓地下著。不過當地流行著一句諺語：「秋雨淋淋不濕衣」因此那天的雨在同學們的心理上並沒有構成威脅，更沒有阻擋了他們計劃中的工作。

到了目的地，何傳廣把同學們分爲四組，每組四個女生，十個男生，楊堅，傅忠，張奇蘭，楊玲分別擔任各組的臨時組長。在未動手工作之前，先訓了一番話：

「你們在牆上寫字之前，先要打聽那堵牆是誰家的，打聽清楚以後，就派兩個會說話的同學去和主人接頭，說明我們刷標語的意義，經過主人同意，再往上寫，這樣老百姓就不討厭我們。」

「如果不同意呢？」魏道明舉手問。

「人家不同意，我們就不寫。我們是民間的革命隊伍，決不能擾害人民。」

話還沒有說完，李德源趕上來了，氣吁吁地行了個軍禮：

「報告指導員，你們出來寫標語也不叫我？」

何傳廣呆了一陣：「你的病剛好，今天又下小雨，我們怎能讓你出來，快回去吧！這是命令。」

李德源聽到「命令」兩字，倒退了幾步，顯出很為難的樣子：

「我站在旁邊看，好不好？我也學一點。」

「不，雨下大了，你會染病。」何傳廣說著就在同學中掃視一週：然後說：

「崔惠芳！你送李德源回去，你也不必來了，我看你的面色也不大好。」

這一次，同學們對何傳廣的愛心與忍耐，更增加了一番新的認識。每個人都把他當做家長，他們覺得這個家庭充滿了人間的溫暖。

※　※　※

工作開始了，各組開到各組的區域。

第三組沒有教官跟著，同學們不受拘束，任意地談笑。有人說：「咱這一組最好，人才濟濟。」有人說：「我們的組長最漂亮。」尤其是大胖子傅占元更出盡了噱頭，不時扮出怪樣子，譏笑這個，諷刺那個，惹得大家嘴都閉不上。張奇蘭急得大喊：

「不要吵啦，誰先上去寫？」

一般男生都不善寫毛筆字，白勵生在牆壁上比劃了一陣，也有些膽怯，於是向大家說：

「還是請我們的組長先寫！」

「不，這樣大的字，還是男生夠雄偉。」

「花木蘭比男同學更雄偉」魏道明叫著。

「誰是花木蘭？」張奇蘭一雙水汪汪的眼睛，向四邊掃射。原來她不曉得男生在背地裏給她起了「花木蘭」這個綽號。

「就是你！」魏道明對準張奇蘭的視線，向她撇一下咀。

「呸！胡起名字……我打不死你！」張奇蘭輕輕責備了魏道明一下，魏道明聳了聳肩，覺得非常舒服。順手拿起毛刷子，遞在張奇蘭手中：

「組長，請！能者多勞！」

「不要推辭啦！小姐！」白勵生也在慫恿著。

「好！我來，我就來。」張奇蘭執著毛刷子在牆上一試，覺得不夠高：「不行，去借個梯子！」

「要甚麼梯子，我來做梯子。」傅占元說著就把兩腿一叉，放低了身體，拍了拍肩膀：「來！䟢著我。」

張奇蘭看到傅胖子的樣子，笑得張開了小口，一排整齊的皓齒露了出來，兩個酒窩也陷得很深。低頭看看自己的腳，又看看胖子的肩膀，羞答答地說：

「不行！腳上有泥。沾污了你的衣服。」

「脫掉它！」潘月娥向她建議。

張奇蘭認爲脫掉鞋子不雅觀，而且僅僅隔著一層薄薄的襪子，踏在男同學的肩上，對自己是一個損失，因而躊躇不決。

「怕甚麼？那裏還像個革命青年！」傅胖子等得不耐，再拍一拍肩頭，催促張奇蘭上。

張奇蘭聽到「革命」兩字，頓時提醒了她。把心一橫，左手托著牆壁，右手脫下鞋子。兩隻豐腴而勻整的腳在絲褲子底下顯露出來。一時成爲男同學們視線集中的焦點，魏道明慨嘆自己力量太小，不然叫她踏在自己肩上，該是多麼快活！

傅占元把兩膝盡量下彎，好像戲台上的馬弁似的等待公主上馬，潘月娥，陳靜華兩人分別攙扶著張奇蘭的手和臀部，讓她很輕易地升到空中。傅占元覺得軟綿綿的兩腳踏穩了，便把腿一收，腰一直，使張奇蘭達到了預定的高度。接著白勵生便把毛刷子，烟煤筒挑上去，張奇蘭向下望了一眼！

「寫甚麼？」

「全民武裝起來，打倒日本鬼子！」崔道成搶著說。其他同學沒有表示異議。

剛寫完四個字，魏道明跑到傅胖子耳邊：

「胖子，累不累？我替你！」

「一把干骨頭，還想攬這個買賣？」

魏道明見他不肯讓位，便在胖子的肋旁捏了一把，胖子一笑，肩膀就失掉了平衡，嚇得張奇蘭尖叫一聲。

崔道成認爲魏道明不應該在工作的時間開玩笑，趁他不妨，擰住了他的耳朵：

「小鬼　想怎麼？」

「想嗅張奇蘭的鞋。」王天林替他回答。

於是，好幾個同學把魏道明壓在牆根下張奇蘭放鞋的地方，屁股朝天，頭朝地，嘴挨著鞋口。傅胖子邪看著這種情形，得意地問：

「過癮不過癮？」

這句話惹得哄堂大笑，傅胖子的肩膀不知如何又震動了下，張奇蘭跌了下來，幸而傅胖子手快，用力一抱，算是沒有跌在地上。

「再上去！」有人呼叫著。

此時雨越下越大，漸漸浸濕他們的衣裳。

「不如避避雨吧！」石明春有些倦意。

「不，革命青年還怕雨，下刀子都不怕！」張奇蘭以組長的地位鼓勵著大家，攏了攏頭髮又繼續上去工作。

一會兒，何傳廣過來巡視，看見男同學都站在一邊，只有張奇蘭一人書寫，臉上露出一種複雜的神色：

「好！張奇蘭寫得夠雄健，不過你們寫得太少！」

「他們都在說笑，浪費了時間。」魏道明乘機告了一狀，想不到何傳廣並沒有理會。崔道成瞪了他一眼：「慢慢瞧！」

「慢慢怎麼樣？我永遠不怕你。」魏道明搖晃著腦袋，作出雄鷄相鬥之前的姿勢。

最後，各組的同學都跑過來了，紛紛讚賞張奇蘭的書法，楊大春也參加了意見：

「如果今天是標語比賽，張奇蘭應列第一。」

張奇蘭聽到同學師長對自己的恭維，心中自然高興，遠遠望著「全民武裝起來……」那十二個大字，臉蛋兒上顯出一絲微笑——那種笑彷彿是一個凱旋歸來的將士的笑。

二十、防空洞

敵人的飛機不斷向我後方侵襲，全國各地都在加緊防空。三官廟的天然掩蔽非常好，本來沒有防空的必要。不過何傳廣為了增進同學們的防空知識，還是決定挖掘防空洞及進行其他必要的措施。他們計劃把防空洞設在三官廟背後，遇到空襲時，便從後門出去躲避。為了減少傷亡，洞與洞之間距離三十尺，每一個洞只容納二至三人。設計停當之後，何傳廣把同學們劃分為若干組，每組負責完成一個防空洞的工程。結果，武碧馨與楊玲被編為一組，這是她倆自開學以來第一次的搭擋。

兩個女子要掘一個見方五尺，縱深五尺的土坑，並且要搭蓋上蓋，自然不是容易的事。不過楊玲是個好勝的女性，武碧馨也想藉這個機會表現自己，因此她倆幹得非常起勁。鐵鍬和洋鎬不停地揮舞，你挖一下，我刨一下，兩個人按著一定的節拍，互相交替著。

她們在四周長滿蘆葦的地方工作，空氣受到蘆葦的阻攔，一點風也沒有。悶熱的氣壓，使她們汗流浹背，衣服與肌肉緊緊地貼在一起。有心鬆鬆衣服，又恐怕附近的男同學看到。楊玲的身體特別豐滿，怎能忍受得住熾人的熱度，忙向武碧馨建議：

「我們脫了衣服幹吧！」

「那怎麼行？」

「咱們輪流工作，一個人在上邊警戒。如有人過來，上邊的吹口哨，下邊的就穿回衣服。」

武碧馨覺得這個辦法還好，便滿口應承。等到楊玲爬上去以後，自己就脫了上衣。先把腋下，乳房周圍，腰間的汗，擦了一擦，就繼續工作。兩隻白嫩的手臂一上一下地刨土，一對饅頭大的乳房，隨著動作的節拍，不停地搖幌。一會兒，她認爲既有楊玲在上邊放哨，倒不如索性脫去了褲子，散發一下熱氣。於是只留下薄薄的短褲和背心充當最後的藩籬。這樣陣陣的清爽，使她十分舒服。她覺得一個女子應當如男子一樣，半裸著身體工作。不知道甚麼時候，纔能進化到那步田地？至少在這純樸的鄉村，距離那個時間還相當遙遠。於是，她低唱著：「下一生，無論如何不做女子。」

此伏彼起的思潮，把她引入另一個境界。對眼前的情景，完全失掉了警覺。等到有一個笨重的身體跳下來時，她纔記起自己是在裸露著身體，本能地用兩手抱住了胸脯：

「嚇！原來是你，幾乎嚇死人！」

「怕甚麼，看你多美！」楊玲打量著她。

「美甚麼？渾身都是泥！」

「這雙大腿，多嫩滑。」楊玲拍拍武碧馨的大腿，表示傾慕的樣子。

武碧馨轉身把楊玲的褲腳拉起來，一直拉到大腿的盡處，然後把自己的一隻腿貼上去：

「比一比！你的更迷人。」

由於武碧馨的上身向前傾斜，乳房向下垂著，越顯得飽滿。楊玲伸手捧住了一個，輕輕揉了一揉：

「如果我是男人，一定要你。」

武碧馨乘勢倚偎著楊玲。楊玲很自然地把她緊緊抱住，吻著她的肩膀、脖子、胸部，兩人顯然沉落在衝動中。

時間不知過了多久，武碧馨突然聽得上邊有簌簌的聲響，慌忙掙脫楊玲的手，縮了下去。

楊玲爬上去一看，回頭扮了個鬼臉，伸長了舌頭，低聲說：

「楊大春過去了，一定看到我們。」

武碧馨搗了楊玲一拳：「呸，都是你這個壞東西！」

「怕甚麼！楊大春不會給別人講，如果叫男生看到才不得了呢！」楊玲極力辯護，企圖推卻自己的責任。

其實，武碧馨那種表面上的做作，不過是少女的一種矜持，內心並不怕楊大春看見她們的秘戲。因爲武碧馨有一種幻想，她時常認爲楊大春與自己有特殊的關係。

她倆換了班，武碧馨在上邊放哨，楊玲在下邊光著身子拼命地工作，這樣換來換去，工程的進度，加快了一倍。接近五點鐘了，楊玲看看長、寬、高都差不多了，便大聲喝道：

「小鬼！快去請指導員來，量一量！」

「是甚麼，是不是量你的曲線？」武碧馨故意打趣。

「小鬼！扯了你的嘴。」

「來，你敢上來？」武碧馨邊走邊說。

一剎那，何傳廣拿著尺子趕來，凝神端詳了一下，高興地說：「夠啦！你們的進度最快，全班第一！」

沒有幾分鐘，武碧馨，楊玲奪取冠軍的消息，傳遍工地，成爲一時的熱門人物。」

※　　※　　※

第二天朝會，楊大春宣佈武碧馨、楊玲爲「勞動先鋒」。先生們對她倆很重視，同學們也喜歡與她們接近。孤獨無友的武碧馨很快就成了班中的活躍分子了。

廿一、旅　行

防空洞全部完成的第二天，是星期日，何傳廣爲了慰勞同學們數日來的辛勤，決定去晉祠旅行。

晉祠距離三官廟只有二十多華里，是三晉名勝所在，相傳周成王封叔虞於此。廟內有周柏唐槐，古木參天；又有清冽的泉水，從廟內發源，山光水色，十分宜人。每年夏秋兩季，從遠近而來的遊客，絡繹不絕。省城附近的豪商，巨賈，都喜歡在這裏消磨假期。

那天當訓練班的隊伍到達時，遊人已經很多，廟內每一角落都擠滿了紅男綠女。他們在通道上站了許久，想找個集體休息的地方都不可能。

「報告，指導員！我們上戲台！」楊堅說著就去向管廟的人接洽。

※　　　※　　　※

遊客們眼看數十個軍人打扮的男女青年上了戲台，以爲他們要在上面演戲，不約而同地湧到台下，探頭探腦地觀察台上的動靜。

女生們到水邊洗了一把臉，更惹得許多工人，學生跟蹤前來。台下萬頭攢動，擠得一場糊塗，明艷的張奇蘭，秀麗的武碧馨，豐滿的楊玲，壯健的牛青蓮，嬌嫩的石明春，都成為千百條視線的焦點。

吳建東靈機一觸，認為機會不可多得，立即向何傳廣建議：

「不如就在這裏開個宣傳大會。」

何傳廣向大家徵求意見時，個個都表示願意放棄旅行，乘機會做些工作。

「我推薦張奇蘭演講！」傳忠大聲喊著，張奇蘭趁別人還未注意的空子，瞪了他一眼。

短時期的相處，同學們已經發現張奇蘭有很超卓的演說天才，對傳忠的提議，沒有一個人不贊成。

※　※　※

廿二、宣　傳

宣傳大會開始了。

首先，何傳廣向群眾略略介紹幾句，就由全體同學們唱起了救亡歌曲：

「我們的家在東北……

那裏有……」

悲壯的歌聲，響徹了山巔，傳遍了古木的梢頭。成群成群的烏鴉受了音波的震蕩，飛上了天空；黃鶯和其他小鳥也隨著歌聲的節拍，上下飛舞。

廟內的一切都被震動了，遊客們，情侶們那裏還有閒情逸致，欣賞景色？個個的心弦，都起著共鳴；大家的意志，好像被一條鍊子，綑綁在一起，沒有一個不向戲台的前面聚攏。歌聲越唱越高，台下的群眾也越聚越多。

一會兒，歌唱的行列緩緩轉入後台，被同學們譽爲傑出的演說家——張奇蘭出現了。閃爍著光芒的眼睛向台下一掃，兩個迷人的酒渦便陷了下去，一陣惹人好感的微笑，開始在臉頰上蕩漾。只就這幾個簡單的動作，已經把千百個聽眾折服了。

張奇蘭最先指出日本鬼子在東北的暴行，再報告前方的戰況，以及中央的決策。最後詳細論述廣大同胞在抗日戰爭中應負的責任。伶俐的口齒，把每一個字都鑽入聽眾的腦中：美妙的動作，把每一句話都描述得活神活現。緊張的時候，磨拳擦掌；憤怒的時候，捶胸頓足；悲哀的時候，淚如雨下。聽眾的情緒，被她真摯的情感燃燒著、湍激著。大家都好像忘掉了世界，忘掉了自己，不自主地隨著她哭，隨著她笑，隨著她叫。如果說人能被溶化的話，此時的聽眾是真正被溶化了。

牛青蓮知道張奇蘭的話，快要結束，一個箭步上前，站到張奇蘭的右邊。立刻引起了群眾的注意，那些從靈魂中爆發出來的目光，一齊轉移到這位女神的臉上。她用親切的口吻：

「同胞們！抗日救國，人人有責，有錢出錢，有力出力。希望大家慷慨解囊，慰勞前方浴血苦戰的將士。」

話剛說完，銀元、銅幣，鎳幣，一捲一捲的紙幣，如下雨一般地擲到台上，急得傅忠高聲歡呼大叫：

「同胞們！小心點，不要打傷我們的頭！」

何傳廣看見這樣不是辦法，立即命令全體男生到台下收捐。群眾毫不吝惜地將自己口袋中所有的完全獻上，一個女孩子對父親說：

「爸爸！我們沒有車錢，怎麼回去？」

「我們步行，我們有的是腿，怕甚麼？」

一對工人裝束的情侶，女的埋怨說：

「咱們還餓著肚子哩！」

男的說：「救國事大，肚子餓事小。」

經過一小時的熱烈捐獻，共計收到國幣一千二百九十三元五角二分。楊大春向群眾保證，這筆捐款儘速送到前方，大家在明天的早報上一定可以看到，群眾對他們毫不懷疑。

廿三、邪　魔

宣傳會結束以後，管廟的人送來兩桶開水，師生們各人拿出自己所帶的饅頭，蹲在戲台上吃著。崔道成走近楊大春身邊：

「楊先生！今天的捐款應該提出百分之一，大家去乾一杯。」

楊玲在旁邊瞪了他一眼：「去你的吧！勞軍捐款，怎能私自享受。」

「我們寧肯喫西北風，也不能隨便動用這錢」石明春也冷冷地說。接著全體同學都擠眉弄眼譏笑崔道成的卑污。

崔道成蹲在楊大春面前，臉紅脖子粗，簡直狼狽的下不了台。楊大春不想令他過於難堪，正要替他圓場，突然走來一個五十多歲，留著八字鬍子的商人。楊大春接過那人的名片，知道他是省城亨德利表行的東主。那人很客氣地說：「諸位辛苦了？我請你們到大三元酒店聚餐。」

「不，不敢，謝謝你。」那人堅決要請，楊大春執意推辭，互相僵持了好久，傳忠才過來插嘴道：

「如果閣下一定要請，那就讓我們的官長去好了，我們同學不敢叨擾。」

何傳廣見那人的態度誠懇，就向楊大春點了點頭，表示依照傳忠的意見去做。

那人臨行時，指著張奇蘭說：

「她呢？」

楊大春急忙搖搖頭：「她不是，她是同學。」

※　　※　　※

楊大春等一行，離開戲台之後，傳忠呶了呶嘴：「他媽的，黃鼠狼給雞拜年。」

楊堅故意問他：「這話怎講？」

「不操好心。」

「何以見得？」

「哼！他真的請我們嗎？不過是爲了打打女孩子們的主意。」

「當然啦！有錢人還有好傢伙！」白勵生也插了咀。

「不能這樣講，楊瑷豈不是有錢人？」吳健東的觀點不同。

白勵生說：「楊瑷是土財主，這傢伙是洋財主。土財主繼承了民族的優良傳統，還有一些良心。洋財主就不同了，他們只知道金錢，女人，所謂慈悲，憐憫，都是爲了達到這兩個目的的手段。

「那末我們要打倒洋財主？」吳健東問。

「當然啦，打敗日本以後，就輪到這些傢伙。」

「是啊！這些敗類是建設新中國的絆腳石。非打倒不可。」李德源也走過來附和白勵生的意見。

※　　※　　※

大家用過了簡單的午飯，值日班長楊堅正式宣告解散。同學們三人一群，五人一夥，紛紛走下了戲台。

楊玲和武碧馨經過那天合力挖防空洞之後，很快就成了閨中的膩友，彼此的心事，都願意吐露給對方。她倆對於晉祠的景物，並不陌生，兩人手拉著手找到一個沒有人跡的地方，坐下來談心。

楊玲的右臂套著武碧馨的脖子：「小鬼！我看你很喜歡楊先生。」

「那裏話，誰喜歡老傢伙？」

「胡說！人家只二十九歲。」

「那也配不上我呀。」

「不必瞞著我了，你如果不好意思，我可以作媒。」

「呸！誰要你多管閒事，三姑六婆！」武碧馨用力推了一下，誰知楊玲的手臂緊緊地抱著她，一點也不肯放鬆。武碧馨掙扎不脫，只好倒在楊玲的懷中。楊玲乘勢吻了她幾下，武碧馨的臉蛋兒變得如蘋果一樣，心在砰砰地跳著。兩人都在受著某種力量的衝動，武碧馨撫弄著楊玲的頭髮：

「你結了婚，爲甚麼不回去？」武碧馨注視著楊玲的咀巴。

楊玲呶了呶咀：「我不喜歡他。」

「爲甚麼？」

「不喜歡就是不喜歡，還有甚麼理由？」

「那也總有個理由啊！」

「志不同，道不合，自然不能相處，還有甚麼理由？」

「是不是他不能使你滿足？」武碧馨在楊玲的大腿上捏了一把，用以補充語言的不是。楊玲明白她是指肉體一方面說的，立刻捧著武碧馨的臉，瘋狂地吻著，用鼻音哼著：

「小鬼，我看你作不作怪？」

她倆你抓我一把，我捏你一下，分享著由衝動而引發的快感。正在盡情嬉笑的當兒，忽然聽得雞老泉下邊的溪水邊人聲鼎沸，兩人忘記了蓬鬆的頭髮，飛也似的奔了下來。

※　　※　　※

原來張奇蘭與幾個女同學到溪邊戲水，她們脫下鞋襪，坐在溪中的石頭上，雙腿插入溪水中，讓水沖到她們的腿上，激成無數細小的浪花。有時浪花打在褲腳上，她們就把褲腳儘量往上提，以致整個腿部差不多完全裸露出來。同時由於水清見底，浸在水中的部份，都可以從上面看得清清楚楚。有時她們又把溪水淋在臉上，使水點一滴一滴地再滴到水中。清涼的水加快了血液循環的速度，以致每一張面孔，顯得特別鮮嫩。這一幅近於美女出浴的鏡頭，吸引了不少遊客在岸上圍觀，有些登徒子更把小石塊遠遠拋入水中，迫使她們抬起頭來，以飽眼福。她們對於這種輕薄的挑逗，表示不屑的態度。

崔道成從溪邊走過來，一眼看見石明春也在水中嬉戲，便沿著石級下去，向她揮了一下手：

「石明春！我與你無仇無寃，為甚麼在眾人面前丟我的臉？」

「笑話！誰丟你的臉！你自己找的。」石明春攏了一下頭髮，掀起身來，兩足仍浸在水裏，兩手叉著腰。

「你上來！」崔道明沉著臉向他挑戰。

「上去就上去，難道我怕你不成？」石明春說著就赤著足走到岸邊。大家嬉水的興致，也被緊張的氣氛驅散了。

「你自己想一想：拿捐款去聚餐，供個人享受，是不是對得住捐款的同胞？」石明春仰著臉，義正辭嚴地說。

「我只是向楊秘書建議，乾你甚麼事？」崔道成咆哮著，眼睛珠子快要跳出來。

「我是一份子，我就要管。」石明春咬著牙齒說。

此時，楊玲與武碧馨趕到了，楊玲一見崔道成那股兇惡的氣焰，已經猜中了八九分，哈哈冷笑一聲：「原來是這事。」

「還有你這個長舌婆！」崔道成翻過臉來說。

「有我怎麼樣？自己卑鄙，還來找後帳。」楊玲拍拍胸脯，正式參戰。石明春乘勢聲討：

「年紀輕輕的就想貪污，虧你還來受訓！」

崔道成在眾人圍觀之下，進退兩難；一肚子氣無處發洩，逼得俯身拾起一塊石頭，用力擲入水中，向女同學們示威。不料那一石頭下去，濺了張奇蘭一身水，頭髮上都沾滿了水珠。張奇蘭豈是好惹的女性，立刻用白眼瞪著他：

「是不是想打？」

話還沒有說完，楊玲與武碧馨趁著崔道成不防，一下就把他推入水中。其他女同學看了，一湧而上，你壓一隻手，我壓一隻腳，直把他浸得渾身濕透，好像雨地裏的雞一樣。

後來，李德源，楊堅過來，纔把她們止住，恐怕崔道成起來報復，緊緊地拖他走開。女同學們望著崔道成水淋淋的背影，破口大罵：

「這種敗類，還配來受訓。」

「一見錢，就想揩油！」

「我們革命隊伍，不要這種下流東西！」

廿四、醉中吐眞情

楊大春帶著幾分醉意，從晉祠回到三官廟，同學們圍住他問七問八，張奇蘭也夾雜在人群中。

「那富商談些甚麼？」

「不能提啦！」楊大春說著直搖頭。

白勵生從楊大春的態度，得知自己的猜測不會錯，便向吳健東弄個眼色，表不自己料事如神，然後故意問楊大春：

「是不是打女同學的主意？」

楊大春口中不停地流出泡沫，連聲說是。

傳忠看了張奇蘭一眼，轉頭問楊大春：

「那一個？是不是張奇蘭？」

楊大春結結巴巴地回答：「不錯，他要請她去做售貨員。」

「你們如何應付？」

「當然不答應他，我怎能眼看別人搶走我的愛人。」楊大春醉醺醺地說。

張奇蘭聽了，馬上面紅耳赤，渾身都在哆嗦，恨不得地上裂開一道縫子，好讓她鑽進去。同學們也被這個突如其來的消息震動著，大家都以驚異的眼光，看看楊大春，又看看張奇蘭，因爲誰都不曉得她倆是一對戀人。

「楊先生！講講你的戀愛史吧！」傅占元故意挑逗著醉中的人。

這時楊大春酒性已亂，身體東歪西倒，把潛意識內蘊藏好久的邪念，一齊傾倒出來：

「去年張奇蘭在南瓜地裏摘南瓜，我對她一見鍾情……」

楊堅清楚楊大春的底細，認爲他所說的話，有失師道的尊嚴，再說下去，不知要出甚麼亂子。因此一壁勸告同學們不要輕信他酒後的話，一壁攙扶著他回到寢室。

※　※　※

張奇蘭懷著羞憤的心情走回宿舍，好像受了極大污辱一樣。她記起第一次與楊大春相遇的事，覺得他有意勾引少女。這種卑鄙的知識份子，簡直是衣冠禽獸。

但是，她又想到：自從開學以來，楊大春的住處與女生宿舍，近在咫尺；他從來沒有走過來與自己借故攀談；也沒有與任何女同學嬉皮笑臉；即使上課的時候，他的眼睛也很少盯住女生。爲甚麼今天突然當眾破壞自己的名譽，說些令人肉痲的話。原諒了他吧！自己會被同學譏笑；與他理論吧，他又是師長，吵起來怪不好意思。

武碧馨見表姐低頭不語，面色憂鬱，猜出她的思緒很紊亂，便過來安慰她：

「不必難過了，楊先生酒後失言，我們怎能計較一個醉漢？」

「人常說：『酒醉心裏明』他總是有那種卑鄙的思想。」

「也許是他的潛意識作祟，他平時很正經呀！」

她倆正在交換意見，隱隱約約聽到教室裏有人說：「想不到訓練班還有師生戀愛！」張奇蘭對於那個聲音非常熟悉，霎時間如同萬箭穿心一樣，不顧武碧馨的勸告，一頭倒在床上，低低地飲泣。

原來那話是傅忠說的，——傅忠精明强幹，是訓練班的風頭人物，張奇蘭自從開學前一天被他撞了一下之後，對他留下深刻的印象。從那時起時時注意他的動態，一時看不到他的影子，就彷彿若有所失。如今聽到教室裏放言高論，譏笑張奇蘭，自然使張奇蘭心痛。一來是怨他冤枉自己；二來是恐怕影響他們正在發展中的情誼。

因此，他除了痛恨楊大春胡言亂語以外，又加上了一層新的暗影。精神上的負担，真是無以復加。

如此，一天，兩天，三天，她都被這種複雜的思想困擾著，晚上閉不上眼睛，白天悶著肚子，除了表妹安慰她以外，沒有一個人同情她的遭遇。

於是，她病倒了。

※　※　※

廿五、道　歉

楊大春酒醒以後，楊堅把他昨天在同學面前所說的話都講給他聽，楊大春很懊悔：

「真的嗎？張奇蘭在不在場？」

「在呀！羞得她滿臉通紅。」

「就是你！不是你約我散步，怎會產生那種意識？」楊大春指著楊堅的鼻子。

「你還怨我，我說給你介紹，你偏躲著我幹。你沒有聽過耶蘇所說的話嗎？」

「甚麼話？」

「人們在背地裏所做的，要被人當眾揚出來。」

楊大春雖然不信甚麼耶穌，聽了這兩句話卻有些毛骨悚然：

「唉！明人不做暗事！真的！」

※　　※　　※

張奇蘭的請假條子擺在辦公廳的桌子上，楊大春十分內疚，連連暗想：「這是我的過。」

他在地上徘徊了半天，決定去負荊請罪。可是，先生怎能向學生低首下心呢？他又遲疑了。最後他趁著同學們出操，只留下張奇蘭獨自在宿舍的時候。鼓起勇氣走進了女生宿舍。

「張奇蘭！張奇蘭！」他呼喚著。

張奇蘭躺在床上，聽得是楊先生的聲音，故意裝著不出聲，等待他下一步的行動。

「張奇蘭，都是我的罪，原諒我，饒恕我！」楊大春好像一個待審的囚犯，囁嚅著。

「楊先生！我豈敢怪你，你那裏有錯？」張奇蘭微微睜開了眼睛，一壁說，一壁看著天花板。

「那天我的話，沾污了你。」

「你怎麼知道？你不是醉了嗎？」

「是的，我醉了，纔說出那些失體面的話。後來，楊堅告訴我，我覺得很難過。」

張奇蘭看見楊大春的態度，非常謙卑；憎恨他的心，頓時消失，掀了掀身子，向他說：

「楊先生！放心吧！我不怪你。」

「可是我有許多話，要向你坦白，讓你瞭解我。」

張奇蘭遲疑了一下，點了點頭：「好！你說吧！」張奇蘭好像一個女王在御榻前聆聽臣僕的報告。

「一個人需要愛，也需要被愛。當他達不到目的時，便會產生一種幻想。我承認自己曾經被幻想驅使著，以致單戀上了你。」楊大春說著低下了頭，用掌心托住了右腮。繼續說：「不過最近我改變了，我決心把全部精力貫注在救國的事業上，時時壓抑著感情的衝動，再不敢向那一方面想。自從開學以來，你能看出我的破綻嗎？」

「沒有，沒有，我一向敬仰你。」張奇蘭微笑著。

「那天的話是潛意識層發出來的，是舊我，如今的我是新我，根本沒有以前那種思想。希望你幫助我除舊佈新。」

俗語說：「話不說不明，鑼不打不響。」楊大春既然把自己從前的秘密向張奇蘭公開，兩人之間的誤會，很快就冰消瓦解。

「心病還需心藥醫。」張奇蘭的病，經楊大春一說，也就好了。

※　※　※

廿六、比　武

當晚，召開生活檢討會議，楊大春又把對張奇蘭說過的話，向同學們複述一遍。

之後，沒有人懷疑楊大春與張奇蘭之間有甚麼事，反而對他們兩人倍加敬愛。

經過多次交涉以後，槍發下來了。綏靖公署並派來兩個軍官，主持訓練事宜。爲了使學生們畢業以後，即能領導自衛武力，實彈射擊是少不了的一項課目。

教官程天才是個行伍出身的軍官，人很粗魯，說起話來總是「他媽，他媽的。」不過當他對著學生們演講的時候，還有一套不尋常的理論。他常常說：「軍人打靶和唱戲的吊嗓子一樣。嗓子吊好了，就是個好戲子，射擊練好了，才是一個好戰士。如果練不好槍法，縱然有上天的本事，也沒有用，唱戲的吊嗓子要天天去練，同樣軍人射擊也要天天去練。」

他有時爲了顯示自己的本領，往往在眾人面前，隨便舉起槍來，一扳槍機，大殿頂上站著的鴿子就應聲跌下，從來沒有一次落過空。同學們對於他這一手功夫，非常欽佩。

楊大春有生之年沒有拿過槍，這次領到步槍以後，即刻引起了他的興趣，一心要在技術上趕上了程天才，做個神槍手。因此，每天早晨，同學們還沒有起床，他已經揹著槍跑到沙河堰上打靶去了。

有一天，程天才帶著隊伍出早操，楊大春練習射擊剛剛回來，同學們就向他挑戰！

「楊先生與程教官比一比！看誰的武藝好。」

「比甚麼？」楊大春問同學們。

「比這個，看誰打得中！」白勵生指著頭上飛著的烏鴉。

「好！好！」大家都呼叫起來。

程天才接過白勵生手中的步槍，隨便一舉，望著天空說：「左前方這一隻！」只聽砰的一聲，果然撲撲地墜落了下來。

楊大春舉著槍等了許久，再看不到烏鴉飛過，因爲先前的槍聲，已經把周圍的飛鳥驚走了，同學們都在焦急地張望，企圖找尋一個良好的目標，以備楊大春表演身手。

「且讓你打那個吧！」程天才指著河畔上的一株柳樹。

那棵柳樹距離他們站的地方，約有八百公尺，樹幹不會超過一尺直徑粗，那樣的距離雖然在步槍的有效射程內，但要瞄準卻也不易。

楊大春由於緊張過度，扳動機槍的時候，槍托稍稍擺動了一下。「失之毫釐，差之千里。」子彈便從樹幹的一邊滑過去了。

楊大春望著遙遠的柳樹呆住了，他覺得這一失敗使他在同學面前有損尊嚴，正在發窮的當兒，隊伍裏跑出來一個女同學替他解圍：

「楊先生，讓我替你來！」

眾人定眼一看，原來是崔惠芳，於是不停地鼓起掌來。

崔惠芳手起槍落，剛剛擊中了樹幹的中腰。大家都叫嚷起來：「好！再來一次！」每個人都在爲崔惠芳的槍法感到興奮，只有楊大春的臉漲得通紅，他在慚愧自己連個女孩子都不如。

這時恰巧有一隻老鷹飛來，崔惠芳乘著高興，一槍就把它打了下來，於是群衆的情緒更激動了。楊玲等十幾個女同學從隊伍裏跑出來，把崔惠芳舉到半空，拚命的高呼：「我們的穆桂英！」

從此，同學們開始注意起這個矮矮胖胖的小妮子來了，「穆桂英」也就成了她的第二個名字。只要有人喚「穆桂英」，別人就可意識到那是指崔惠芳而言。

崔惠芳對於射擊瞄準，本來就有一種天賦的才能，經過數次的實彈射擊，她的成績一直保持著全班的最高紀錄。程天才對於這個高材生另眼相看，一有空閒就教導她一些射擊的技術。因此，崔惠芳的槍法，進步得異常神速。

那是個正式打靶的日子，程天才遞給崔惠芳兩枝左輪槍，要她同時瞄準兩個靶子。崔惠芳毫不費力地命中了兩個紅心。同學們的喝采聲震動了沙河灣，女生們更是喜極若狂。楊玲站在沙堆興奮地說：「甚麼都是我們第一，今天將是我們女子的時代，我們要歡呼，要歌唱。」張奇蘭們聽了，一擁上前，十幾個女生，亂成一團。她們手拉著手，在沙灘上跳起舞來。

男生們也受到他們的感染，跟著她們唱歌的節拍，顫動著身體。

廿七、五姊妹

第二天，楊大春聽說崔惠芳成了雙槍能手，心中非常傾羨。一心要找個機會，與她談談，以便獲得一些射擊的秘訣。

石明春的身材與面貌，有些像崔惠芳，看上去好似是一雙姊妹。當石明春經過辦公室門口的時候，楊大春急得伸出去一個腦袋！

「請進來！惠芳！」

石明春對於楊大春的招呼，深感莫明其妙，楞了一陣，纔知道他認錯了人！

「我不是崔惠芳！我去叫她來！」說著就跑走了。

崔惠芳雖然在三官廟已經學習了一個多月，但從來沒有引起楊大春的注意。如果不是那天清早她跑出來替他解圍，恐怕崔惠芳是個甚麼樣子，楊大春至今也弄不清楚。

她的顴骨略高，撐得兩個臉蛋兒特別大，遠遠看去簡直好像兩個熟透的蘋果。她與明艷的張奇蘭，豐腴的楊玲，嫵媚的牛青蓮，秀麗的武碧馨比較起來，自然略遜一籌。不過「十八無醜女」，女孩子到了十八，九歲，總是可愛的。何況崔惠芳還具有中等以上的身材呢？崔惠芳正在寢室用功，忽然聽到石明春的呼喚，胡亂攏了一下頭髮，很快就跑到辦公室來。

「請坐吧！」楊大春指著對面的一張椅子。

崔惠芳很少到辦公室來，此時面對著楊大春，顯得有些侷促，眼睛凝視著自己的腳，手指擺弄著衣襟，耳朵在注意著楊大春的發言。

「惠芳，恭喜你，你真了不起！」

「不，沒有甚麼。」崔惠芳望了楊大春一眼，然後又很迅速地將頭低下。

「你怎麼學來的，把你的秘訣告訴我好不好？」

「我實在沒有甚麼秘訣，只是父親從小把我當做男孩子，常常帶我去山上打兔子。」

「你們用甚麼打？」

「用那種火藥槍。」

「你曾經打中兔子嗎？」

「有，有時我會打中。」

「啊！原來你在射擊方面已經有些根底。」

「不敢說，只是比較熟悉一點。」

他們兩人正在交談的時候，何傳廣走了進來。楊大春掀了掀身子，指著崔惠芳說。

「指導員！這就是我們的雙槍手。」

「祝你將來多打死幾個敵人。」何傳廣笑眯眯地說。

楊大春略爲思索了下，仰著臉對何傳廣說：「這樣的好學生，是不是應當特別獎勵一下？」

「應該。明天朝會的時候，請你宣佈嘉獎，並發給現金二十元，作爲犒賞。」

崔惠芳聽到他們兩人的對話，幾乎高興地跳了起來。不過她在官長面前，不得不強自壓抑，仍舊表現出謙虛的姿態。

從此，崔惠芳成了女生中的傑出人物，與張奇蘭、楊玲、牛青蓮，吳碧馨等四人被稱爲「五姊妹」。

廿八、談天論女

三官廟的大殿前邊有一顆大槐樹，槐樹的右側是一個花壇，栽培著各式各樣的花卉。課餘之暇，同學們都喜歡到槐樹下談天。因爲那裏有清涼的樹蔭，又有芬芳的花香。吳健東與王天林偶然碰在一起，兩人斜倚著樹幹，談著最有趣的事。

「你說『五姊妹』中那一個最漂亮？」

「這很難說。情人眼裡出西施，愛那一個，那一個就漂亮。」

「我是說就客觀來講。」

「離開主觀，就沒有所謂美。」王天林講得很深奧。

「我們不談美學，就你看來那個最好？」

「張……奇……蘭」王天林緩緩地說。

吳健東感覺很詫異，因爲他從來沒有聽到王天林對張奇蘭的傾羨。王天林見他默不作聲，拍了他一把！

「老吳！你呢？」

「我認爲楊玲最可愛。」

「他有什麼好，已經嫁過人了。」

「正因爲如此，她纔比任何人顯得更成熟，更大方，更神秘。」

「是不是令你想入非非呢？」王天林仰著臉大笑起來。

這時，李德源走了過來，吳健東停住了嘴。

「你們說甚麼？怪有趣的！又說又笑。」

「我們談女人。」

「兩個色鬼在一起，還有甚麼好話講呢？怪不得一見我來就不說了。」

「小李，不要裝正經啦！你說女同學中那一個最好看？」

「那還用多說呢？崔惠芳！」李德源很乾脆地說。

「不能太武斷啊！」

「甚麼武斷不武斷！我不給你們談這個！」說著就負氣走了。

「這小子根本不懂美。」王天林向著李德源的背影，噘著嘴說。

「不過崔惠芳也不錯，她的顴骨雖略嫌過高，那一雙眸子，卻會說話。」吳健東好像替崔惠芳辯護。

「據我看來，崔惠芳的美點是在她的身段。」

「何以見得？」

「她的三圍好。」

「甚麼叫三圍？」吳健東有些莫明其妙。

「三圍就是胸部，腰部，臀部的尺碼。看你這個土包子，連這個也不懂！」王天林有些驕傲的樣子。

「是不懂，請你說下去。」

「外國人按三圍的粗細，批評女人妍醜，最合理標準是兩頭大，當中小，好像個葫蘆似的。」

「那麼你看崔惠芳如何？」

「我雖然沒有量過她，粗略的估計，可能是卅四、廿二、卅四。」

「不錯，她的確是個兩頭大，當中小的女人。不是你這樣提醒我，我根本不會欣賞她的美。」

「啊！這太重要了！在西人的審美眼光看來，崔惠芳可能壓倒張奇蘭。」

「武碧馨呢？」吳健東認識王天林已經一個月了，從來不知道他對於審美方面還有相當研究。如今把握住機會，緊追著問。

「武碧馨當然次於張奇蘭，是屬於東方美人的類型，不過她沒有張奇蘭那兩個迷人的酒渦。」

「牛青蓮怎麼樣？」

「可惜矮一點，不然她應當居首位，因爲東西方女人的特點她都兼而有之。」
「如此說來，個個都好，倒底誰是應當坐頭一把交椅呢？」
「她們五個各有千秋，要一時決定她們的等次談何容易！不過要我選擇，我寧肯要張奇蘭。」
「你要娶了張奇蘭，一定……」
「一定甚麼？一定升官發財？」
「一定……當王八。」
「那不要緊，只要她肯嫁我，當甚麼都可以。」
兩人談得津津有味，忽然哨子一響，急忙奔去集合去了。

廿九、勞軍團

何指導員臨時集合同學的原因，是要告訴他們：上峰對三官廟的訓練班特別重視，尤其是那次晉祠旅行時所舉行的民眾大會，一次能募得兩千元捐款，可以說轟動了全省。因此當局要他們派出一部份同學，參加各縣民眾組成的勞軍團，往前線勞軍。

「請你們選出十位代表來，最好男女各半。」何傳廣最後說。

大家聽了，都異口同聲的說：女生不要選了，五姊妹就是現成的代表。可是張奇蘭認爲不然，她堅決主張一齊要選，沉著臉向男生那一邊說：「甚麼五姊妹？那是你們的惡作劇，我們五人，怎能代表全體女生？」

王天林看著張奇蘭那種倔强的樣子，就想到剛才吳健東所說的話了。他覺得張奇蘭彷彿一枝有刺的玫瑰，誰要有不怕刺的勇氣，才有資格摘取玫瑰。頓時鼓著勁站起來：

「張同學說得對，應該一起選過。」

張奇蘭見王天林附和自己的意見，向他瞟了一眼，吳健東移動了一下藏在桌子底下的腳，暗暗踢了王天林一下，表示佩服王天林的機智。

※　※　※

票選的結果，除了張奇蘭、楊玲、武碧馨、牛青蓮佔絕大多數外，石明春與崔惠芳的票數相等。同學們認爲石明春長於歌舞，崔惠芳是雙槍手，兩人在慰勞小組中都是不可少的角色。無論選掉那一個同爲一種損失。於是有人提議女生代表增加一人，很快就獲得大會通過。

男生方面，本來選出了楊堅、傅忠、王天林、傅占元、李德源等五人，結果何指導員認爲男女生中的優秀份子統統去了，深恐同學中失掉了核心，學習上受到了影響，於是宣佈把楊堅留下。

同學們只好另選一人，補上了吳健東，這在王天林來說，是值得慶幸的事，因爲他有了一個知己的同學同行，路上當不會寂寞。

過了中秋節，山西的北部已進入了秋收的季節。「草木搖落露爲霜」，田野上呈現著一片蕭條的景象。汾河的水位，漸漸下降，有不少渡口，開始搭上了浮橋。

訓練班的勞軍小組在楊大春的率領下，離開了三官廟，那裏距離省城只有三十華里，所以他們並沒有打算利用任何交通工具。一行十二人，沿著通往武家寨的小泥路進行，口裏不停地哼著抗日的歌聲。踏進武家寨村口的時候，楊大春想起了武碧馨家的那兩扇殘舊的大門，昔日單戀張奇蘭的餘波，不由地又在腦海中蕩漾起來。不過在現在的立場來說：不能不裝做莊嚴的樣子。

「張奇蘭！要不要回去向大人辭行？」

武碧馨聽到楊大春呼喚表姐，立刻湊到楊大春身邊：

「楊先生！能不能等一等我們？」

楊大春還沒有回答，張奇蘭扭回臉來：

「妹妹！不要回去啦！叫姥姥知道了我們上北路勞軍，你就休想走得脫。」

武碧馨的個性，沒有張奇蘭堅强，對這個問題難免有些猶豫，張奇蘭見表妹遲疑起來，很乾脆地說：「你要回去就回去，我是絕不回去。」

武碧馨被表姐的堅强折服了，拖著不情願的腳步，緊跟在隊伍的後面，穿過了武家寨的街心。不時回顧著她家的巷口和那些街上玩耍的野孩子，暗暗流下了幾滴眼淚。楊大春爲了安慰這個軟弱的女性，慢慢掉在隊伍後面，與她攀談起來。

最前面走著的楊玲，牛青蓮並肩而行，她倆低聲談論著武碧馨，楊玲認爲武碧馨和楊大春之間的感情，在急劇地發展著。

吳健東，王天林兩人一面走；一面擠眉弄眼。。有時咕噥一陣，有時又笑一陣。

「六位小姐，我們每人一個！」

「楊玲應該配給傅胖子。」

「去你的！楊玲是我的。」吳健東猛力推了王天林一把，幾乎把他推倒。

王天林不服氣，表示要把吳健東的秘密公開宣布：

「大家聽著！吳健東要楊……」剛剛說出楊字，吳健東就堵住了他的嘴。不過大家已經猜想到下邊一個字，一定是玲。因爲眼前只有一個姓楊的女性。

這樣，說說笑笑，很快就到了省城。他們都感覺這三十華里並不是怎麼費力的旅程。

※　※　※

三十、開化市遊玩

到達省城以後，已經近黃昏了。因爲防空的緣故。燈火受到管制，街道上的燈光微弱得可憐。路上的行人，一不小心，就會撞著別人。楊大春把學生們安置在正大飯店，自己就到綏署接洽去了。

王天林見楊大春已去，急忙跑到女生的房間，厚著臉皮說：

「同學們！那個去遊開化市，我做嚮導。」

女同學正準備出去逛街，如今有一個義務嚮導，自然樂得接受。只有石明春表示反對，她呶一下嘴，低聲向牛青蓮道：

「王天林這個頑皮鬼，我不跟他一路去！」

這話叫楊玲聽見了，過來推她一把：「明春！怕甚麼？難道他會賣了我們不成？省城壞人多，有個男人跟著也好。」

※　　※　　※

開化市是省城最熱鬧的地方，那裏有千千萬萬的百貨商店，各行各業的售貨攤位。還有唱大鼓書的，說相聲的，各方小食檔，小型酒菜館，無不應有盡有，與北京的天橋市場有很多相像的地方。凡是來到省城的人，少不了要到這裏逛逛。

王天林帶著六個女同學，穿越大街小巷，擠過了人頭鑽動的人群，好不容易到達目的地。在一家百貨店門口停下了腳步：

「諸位！你們看甚麼好，我想送你們每人一件紀念品，大家隨便挑！」

女同學聽了，都覺得不好意思。楊玲打趣地說：「你是不是發了財？」

「發不發財，一件小小的東西還能送得起。」正說著，一股人潮湧來，便把她們湧進了店內。

飾櫃裏擺著各式各樣的華洋百貨。對一個女孩子來說，幾乎每一件東西，都有一種誘惑。她們順手翻來翻去，有許多東西，真是不忍釋手。揀好了以後，她們本來要自己付錢，不料王天林一個箭步搶到櫃台前，都替她們一一付了。

「你說送一件，我們都買了幾件，怎麼能讓你出錢！」張奇蘭望著王天林說。

「不要緊，都算我的。」王天林滿不在乎地說。

「你那裏有這麼多錢？」

「臨走時爺爺送來八十元給我路上零用。你們這些東西，只用了三塊多錢，不到廿分之一。」

楊玲聽說王天林有錢，就向大家說：

「好了，不必爭啦！謝謝王同學！」

她們買了東西出來，恰巧遇到民眾戲院散場，再加上螞蟻般的遊人，把道路擁擠的水洩不通。七擠八擠，王天林與女同學們失掉了聯絡，急得一頭大汗，在人群中鑽來鑽去，大聲喊叫：「張奇蘭！張奇蘭！」

楊玲被困在一個牆角，探頭探腦搜索同學們的影子，忽然聽到王天林的聲音，拚命擠了過來，王天林忙著問：

「張奇蘭呢？」

「我正要問你呢？」

兩人相對愣了一陣，看一看街邊的小館子：

「楊同學，我們進去坐一下，一會兒人少了，再找她們！」

※　※　※

開化市的小館子，盛行女招待制度。每張桌子自成一個獨立的單位，桌子與桌子之間，掛著自動的白布簾子。飲酒的客人如果喜歡女招待陪飲，就可隨便叫一，兩個來。那些女招待多數都是濃妝艷抹，爲了博取多一點小賬，往往坐在客人的膝上，任憑客人親吻。有時還會抱著客人做出極其猥褻的動作。兩桌之間的布簾倘被微風吹動，就會掀起，坐在另一桌上的客人，可以把這一桌上的動態，畢覽無遺。

楊玲一坐下，就把隔鄰的情形看在眼中，即刻起身對王天林說：

「快走！這裏不是好地方！」

王天林對開化市的種種玩意，非常熟悉。他推測楊玲要走的原因，無非是看到親暱的鏡頭。就開導她說！

「大地方就是這樣。請不必驚慌，我們已經進來了，吃點東西再走！」

楊玲見王天林坐著不動，自己又苦於認不回原路，只好坐了下來。

王天林本來屬意於張奇蘭，可惜事與願違，失掉了與她共飲的機會。如今楊玲在坐，也不失爲美人當前，於是叫了兩碟菜，一瓶高梁酒。

「楊同學！我們慶祝此次勞軍成功，來乾一杯！」

楊玲搖了搖頭，表示不會喝酒，並且說：

「女孩兒家怎麼會喝？」

「你在訓練班是女中丈夫，很多男同學都不如你力量大，精神好。稱得起是時代女性，怎麼連酒都不喝，來……來……」

王天林把酒遞在她的手中，楊玲被迫無奈，只好接了過去！

「好！我喝一點點陪你。」

「我們應當祝你得到勞動先鋒！」

「那是過去的事了。」

「今天補祝更好，請來乾一杯！」

王天林又斟了兩杯，把一杯遞給楊玲，又輕輕地把楊玲的玉手推向她的唇邊，同時自己又喝了一杯。

當他偶然觸及楊玲皮膚的時候，覺得楊玲身上發出一種好似電波的力量，很快就傳播到自己身體的每一部份。於是他有些迷糊了，把一切的事都忘記了，只顧放肆地飲酒。楊玲連喝兩杯，頭也發昏了，理智消失了，她再沒有力量抗拒王天林的盛意，不斷地喝著，一直到自己感覺到快醉了的時候。

※　　※　　※

卅一、原平路上

楊玲和王天林回到正大飯店的時候，已經九點多了。勞軍團所帶的禮品和行李已經裝載上車，團員們陸續走出大堂。楊大春瞪著眼睛對王天林說：「你帶楊玲去那裏鬼混？累得大家整晚尋找你們。」王天林囁嚅了半天說不出一句話來。楊玲卻很大方地替他說：「我兩人到棉花巷探望他大舅。舅母和表兄弟不讓我們走；陪他們下棋，整整玩了一夜。你不信可以打電話問問。」

楊大春厲聲說：「按照本班規則，夜不歸營是嚴重罪行。現在我罰你倆勞動服務，今後上下車歸你們搬運行李，直至回去為止。」

他們乘坐的汽車是長官部派來的。那車是由貨車改裝的，車頂用帆布覆蓋，四周並無遮攔。車速加快的時候，迎面風勢很勁。他們被吹得擠在一起，瑟縮成一堆。路旁有甚麼景色都無心欣賞。

車到黃寨，司機要停車加油，學員們下車各尋方便。張奇蘭連打了幾個噴嚏，用手摀著嘴巴，楊玲問她是不是傷風。楊大春走了過去：「張奇蘭！你上車頭坐，車頭暖和一點，我到後面和大夥兒一起坐。」張奇蘭搖搖頭：「不必，我不要緊，一會兒就好了。」楊玲說：「你是我們的副領隊，你病了可不得了！」說著硬把她拖上車頭。司機說：「楊先生，你也上來吧！可以擠得下。我聽你指路，我離了你不行。」

太原至大同的公路崎嶇不平，因爲路面的煤屑和沙土很容易擁在一起，使汽車顛簸得很厲害。楊大春和身邊的張奇蘭順著車子的擺動不由自主地好像依偎在一起。坐在車後的武碧馨特別注視張奇蘭的動靜。她示意楊玲並且指著車頭後窗的玻璃：「你快看，不嫌醜！幾乎抱在一起了。」楊玲望了一望：「很平常，何必大驚小怪！你是不是吃醋？」

車到原平，司機在南門外找了個空地把車停了。學員們看到馬路兩旁有許多賣食品的小販，紛紛下車買東西吃。張奇蘭買了兩個牛肉燒餅，兩個煮雞蛋和兩個煮紅薯，雙手捧著遞給楊大春說：「這是你和司機的。」楊大春問她：「你不吃嗎？」「我喜歡吃豆腐腦泡花捲，我自己去那邊吃。」

楊大春吃了東西，正要去城裏交涉，忽然聽得有人喊他：「小楊！」抬頭一看，是一個滿面塵土，國字面型，兩鬢長滿鬍鬚，身穿軍官大衣的軍人。「好多年不見了，不認得我了嗎？」楊大春愣了一下：「我記起來了，你是郄文江。你不是在十九軍當軍法官嗎？」「是的，我們部隊被敵人打垮了。我不幹了，要回家。」「小楊！你來這裏幹甚麼？」「我率領勞軍團來前線勞軍。」

「原平已經進入戰爭狀態。人民准出不准進。我勸你折回去吧！」

「我們是奉長官部的命令來的，我一定要去見見守城的將領，把禮品交給他。」楊大春說著就跑去南門，警衛部隊不准他進城，但答應打電話去請示。楊大春等了一陣，有一位高級軍官告訴他：「姜旅長（注四）說謝謝你們，你們可返到忻縣的衞立煌總指揮部去聯絡，地點在北關的旗竿大門。姜旅長已經打電話去了。」

楊大春走到停車的地點，看到郄文江仍然蹲在石頭上等他：

「老郄，真是不行。不過旅部推介我們去忻縣的總指揮部。上車吧！坐我們的順風車。」

郄文江身體又高又胖，不好意思坐車頭。於是和學員們坐在一起，一路和他們談論大同、茹越口、嶂縣，以及平型關的戰況和失守經過。他還預測原平不久也要陷落。

傅占元歪著頭冷笑了一聲：「我不信，原平還沒有開火，你就說它不久要陷落！」

「這個當然是要發生的。你不信，過幾天你就會知道。現在忻口正集結大批部隊，又大力建築防禦工事，可見忻口是主戰場，原平不過是忻口的前哨。前哨戰是爲了延緩敵人的進攻，並不能殲滅敵人。」鄧文江還沒有說完，車已在忻縣北關的牌樓底停下。

楊大春和鄧文江握手道別，鄧文江向同學們揮了揮手，連說：「再見！再見！」

卅二、嘉禾老人

勞軍團抵達忻縣，找到了衞立煌的前敵總指揮部，副官處把他們安置到財神廟的學校住宿。並且向他們表示總司令日夜在前線督修防禦工事，無暇接見他們。於是楊大春率領學員進入忻州城遊玩。他們爬上了九龍崗、參觀了忻縣中學，在那裏俯瞰全城及附近的鄉村和東門外的牧馬河，真是一覽無遺。所謂「南絳北代、忻州也不賴。」確實名不虛傳。他們在城隍廟食街吃了小食，又在慶陞園進了晚餐。

第二天早晨接到通知，他們的專車就載著他們向目的地嘉禾村進發。過了解元村就可看到座落在路西的兩個土丘，約模有五層樓高，那就是有名的雙乳山。

嘉和村大道左側有一座巍峩的大門，兩旁各有石獅子一個。門上的春聯已經褪色了，雄健的顏體大字還很清楚。一邊是「勤儉教子」，一邊是「耕讀傳家」。門口站著兩個持槍的衞兵。楊大春正和衞兵講話的時候，從二門的屛風後面走來一位身穿灰色長袍的老翁，舉起右手指指楊大春說：「大兵哥是湖南調防來的，多數聽不懂山西話。你們是不是找軍部呢？我告訴你們吧：這幾天李默菴的軍部曾經駐紮在寒舍，今早已經開拔走了。一會兒搬清之後，衞兵也要撤走了。」

「老先生，你能否告訴我們李軍長搬往何處？」

「這是軍事秘密，在下也不知道。你們一時找不到，可以在本院歇歇。打聽清楚之後，再走不遲。」

楊大春覺得老人很爽直，心想一定不是個等閒之輩。經過詢問之後，纔知道他就是山西赫赫有名的村政處處長陳敬棠（注五）。

陳老從楊大春口中獲知情由之後，招呼他們進入二院的過廳休息，不久有一位二十多歲的婦人提著一把大銅壺進來，笑嘻嘻地對大家說：「這是雲南磚茶，隨便喝吧！」陳老介紹說：「她是侄媳婦，臨時管家，有甚麼需要，吩咐她吧！不必介意。她叫何妙芝。」

張奇蘭和楊玲跟著何妙芝進入陳宅的第三串院到正廳中拜了關聖帝君，然後坐在作爲廚房的耳房中攀談了一陣，得知陳家共有四十多口人，由於兵荒馬亂的時代來臨，全家都搬到後面的樓院。前面這三串院除了陳老之外，還有長工父子兩人。白天她在前面煮飯，應酬，打理一切；晚上就回到後面休息。

當天中午，何妙芝奉命預備了簡單的膳食招待了全體學員。楊大春拿出十塊錢作爲酬勞，何妙芝怎麼都不肯接受。她說：「任何人進入陳家作客，一向是管吃管住，這是我伯伯定下的規矩。我怎麼敢接受你們的錢。」說時笑容滿面，口齒伶俐，顯示出大家庭婦女的高雅風範。

陳敬棠午睡醒來，走到過廳與學員們談論。他首先分析了當前的時局，然後鼓勵學員們提出問題。

「陳處長，聽說閣下已經隱居好多年了，爲甚麼不出來做事呢？」

「你們沒有讀過『達則兼善天下，窮則獨善其身』嗎？」民國十九年前閻先生在趙戴文輔佐之下，用儒家思想治民，不斷整頓吏治、促進生產，普及教育。一時壞官、壞紳、壞人全部斂跡；真正做到夜不閉户，道不拾遺，使山西成爲全國的模範省，這並不是吹噓、誇大，我相信你們的父母都感受得到。十九年以後，中原大戰失敗，通貨澎漲，雜牌軍隊入晉蹂躪、共軍渡河搶糧種種事故相繼發生，咱們山西就一年不如一年。本人人微言輕，當時曾挺身而出，勸告他堅守儒家傳統，遠離小人；可是他置若罔聞，因此我就辭職不幹，息影家園了。」

陳敬棠說著禁不住搖頭嘆息。

吳健東舉手說：「陳處長！」

陳老擺了一下手：「請你們再不要叫我陳處長，就叫我陳老吧！」說得大家都笑了。等了一陣，笑聲停止，吳健東繼續問：「陳老聽說過民間傳言的一首詩嗎？『二四加一五，苦中又加苦，人馬東西走，苦死太原人。』這是真的嗎？是甚麼意思？請教，請教。」

陳老說：「人們說這是寧武出土的一塊石碑上刻著的四句預言。我未曾親眼見過這塊石碑，所以我不敢肯定是真是假。如果是真的話，我可以解釋一下：二四是八年，再加一個五年，共計十三年。太原人民要在災難中苦度十三年。那時有錢有勢的人要逃往北平，西安避難。馬代表有錢人，窮人當然沒有馬可以東奔西走，一般老百姓當然要苦死了。諸位，你們說我解釋得對不對？」

大家異口同聲說：「解得好！解得好！」

陳老摸摸鬍子，笑了一笑：「這不是我的解釋，是本縣名人梁碩光（注六）說的。梁先生修道多年，已進天人合一的境界。他曾受洗爲基督徒，又創立大同教，七七事變以後得到默示，知道大災難將臨中土，所以他毅然削髮出家，永遠不問世事了。」陳老還沒有講完，咳了一聲。王天林急得問：「梁先生在那裏出家，我們能不能見見他？」

陳老說：「他現在還在陀螺山，聽說正準備去包頭。」

他們正在熱烈問答的時候，忽然聽到一輛軍車駛入前院，原來是軍部的副官通知他們立刻前往奇村。楊大春記下地圖上所指示的位置，退回二院的過廳，和陳老耳語了幾句，示意大家馬上登車。陳敬棠和何妙芝送他們的車駛出大門，揮手而別。

原來陳敬棠在午睡之前，趁空和李默菴通過電話，告訴他有一部插著「河西民眾勞軍團」旗號的客車正在嘉禾村找尋十四軍軍部的駐地。

卅三、奇村勞軍

前線部隊爲了保密，任何部隊的番號都不能被別人看到。官兵們不分階級胸前都帶著一個白色布章，上面印有「忻口部隊」的紅色大字。楊大春按照奇村地圖找到了關帝廟，把長官部的公函遞給了守門衛兵，一會兒就有副官出來迎接。副官對他們說：「這裏是十四軍的軍部，我代表李默菴軍長歡迎各位。我是副官處的副官之一，我姓趙，各位有甚麼事就找我吧！今天晚上八時本軍舉行一個同樂會，連級以上的官佐都會參加。除了本軍屬員以外，我們還邀請了屬於衞總司令轄下的其他友軍代表。希望各位都來參加。

奇村是忻縣西北的大鎮，忻崞兩地交界的農民都在這裏趕集，商業繁盛，店舖林立。當時所有的民居都住滿了軍隊；由於時局緊張，市面上顯得冷清清的。勞軍團的學員安置好住宿的地方之後，一齊出去用飯。他們偶然進入一間賣河撈的飯舖，蕎麵河撈配上羊肉臊子十分美味。兩角錢一碗就喫得飽飽。店掌櫃指著張奇蘭說：「這位姑娘的臉型很像小電燈。」同學們不懂他說的是甚麼意思，個個都覺得詫異。那掌櫃笑了一笑：「各位沒有看過北路幫子嗎？有一位花旦名筱電燈。她長相美麗，人人都愛看她的戲，前幾天還在這裏勞軍呢！」說完以後，他又搖搖頭自言自語地說：「唉：真是人有相似。」

會場在關帝廟戲台前的空地上，臨時搭了個帆布大棚。頂上懸掛了四隻煤氣燈，照得棚內如同白晝一般。約摸八點鐘，李軍長在下屬簇擁下登上講台，行禮如儀後，楊大春將帶來的禮品清單獻上，趙副官當眾宣讀一遍，台下的各級部隊首長拍手致謝。全體團員登台唱了一首名爲「犧牲已到最後關頭」的救亡歌曲。接著李德源和石明春合唱黎錦暉的「桃花江」，李唱：「我聽得人家說。」石問：「說甚麼？」李唱：「桃花江上美人窩，桃花千萬朵。」石答：「不錯。」李唱：「比不上美人多。」石唱：「是啊！其中還有妹妹我。」李唱：「我每天都蹚到桃花林裏坐，來來往往我都看見過。」石說：「全都好看嗎？有沒有看見我？」李唱：「好，那身材瘦一點的，偏偏瘦得那樣好。像你這樣的，我天天都去找。還有那台下的奇蘭姐同樣有你好！」他倆表演得姿勢親暱，意態浪漫，令觀眾樂不可支。當他們聽到「奇蘭姐」三個字時跟著李德源的手勢都把視線轉向張奇蘭。劉戡師長站起來大聲喊道：「我們請奇蘭姐唱一首好不好？」大家異口同聲回應：「好！」接著是一波一波的掌聲。

那晚，張奇蘭經過一番濃妝艷抹，特別明麗動人。上了台嫣然一笑，真是傾國傾城。她一揮手，傅忠一躍站在她身旁，兩人一齊說：「我們唱的是小放牛。」

張唱：「正月裏來甚麼花兒開？」

傅唱：「正月裏來迎春花兒開。」

合唱：「迎春花開開啦，想起妹妹哥哥來。」

傅唱：「妹妹呀！」

張唱：「哥哥呀！」

合唱：「逗兒飾，逗兒飾，其不拉巴飾。」

他倆對唱時，一會兒相抱，一會兒分開，表情逼真，全無拘束，充分顯示出少年男女相愛的情懷。最後的隱語是透露彼此的心靈已經融入化境。一連唱了十二個月，他倆都全無疲態。台下的軍官們盯著張奇蘭的每一個動作，貪婪的眼神顯示出他們都有渴慕異性的傾向。

正當興高釆烈的時候，突然進來一位矮胖結實，胸前掛著望遠鏡的軍官，背後跟隨著兩個精幹的馬弁。李默菴一聲起立、全場都肅然立正、接著是一片歡迎的掌聲。原來是衞總司令巡視前線，經過奇村來與李軍長會報軍情。趙副官請示以後，宣佈繼續進行餘下的節目。楊玲裝扮成一個楚楚可憐的孤女，先說了一段道白，介紹她從東北流亡關內的經過，然後唱了一首「松花江上」，由「我的家在松花江上，那裏有森林煤礦」一直到「那年那月才能夠收回我那無盡的寶藏？爹娘啊！爹娘啊，甚麼時候才能歡聚在一堂。」歌聲慘怛、涕淚交加、悽愴感人，煞有名歌星的水準。台下跺腳者有之，流淚者有之，連台下的衞總司令也連連讚她出色。

最後全體上台表演舞蹈，崔惠芳，武碧馨的玉腿裸露非常搶眼，傅占元抱著牛青蓮深深熱吻更特別惹火。全程二十分鐘觀眾大飽眼福。趙副官宣佈散會，楊大春帶領高呼口號：「打倒日本帝國主義，蔣委員長萬歲，中華民國萬歲。」

衞總司令臨行對楊大春說：「明天上午趙副官帶你們去前線看看，將來若有機會我去河西探望你們。」最後和學員們一一握手，連聲說：「你們很成功！很成功！」

卅四、前線觀摩

忻口並非險峻的關隘，東西兩翼除了一小段丘陵以外都是廣闊的原野。要在這條戰線上禦敵，必須大規模建築防禦工事。衞立煌臨危受命以後，日以繼夜地充實戰備，企圖投入大量兵力，與強敵進行野戰，一舉殲滅敵人，解除強敵對太原的威脅。

勞軍團在趙副官的引領下踏入前線陣地。他們看到成千上萬的士兵仍在繼續築壘、掘壕、埋置地雷，敷設電網以及搬運武器、糧草。沿途的土丘，房屋，牆垣都被利用爲掩體，把可以作爲僞裝的樹枝、木板、禾稭都覆蓋在上面，遮蔽空中偵察機的視線。民間的騾馬，車輛和伕役也都在協助軍方運送物資。附近的青年學生主動投入服務，從事茶水和食物的供應。熙來攘往，都是在爲建設防禦工事作最後的拚搏。

他們首先參觀大白水的礮兵陣地，第二十三團團長李錫九老早就從望遠鏡中望見他們走來迎接他們，因爲昨晚他曾參加同樂會，聽過他們卓越的歌唱，態度十分親切。野礮和山礮都已經裝上了礮架，礮身當然掩蔽得很秘密。爲了給他們介紹野礮的性能，礮手們迅速除了礮衣。李團長說：「前線架設的野礮和其他礮種都是太原兵工廠的產品，殺傷力與日產不相上下。野礮發射迅速，口徑七十五公厘，身長爲口徑的四十倍，彈重六公斤至七公斤，射角十度至四十五度。礮身全重一千五百公斤，六匹馬才可以拉動。山礮的重量比野礮輕一半，口徑也是七十五公分，可與野礮使用同一彈頭，射程比野礮近五百公尺，只可達九千公尺。射角爲負十至五十度。礮身與礮架可以分拆。山礮在困難的地形作戰運動方便，從高地向低地射擊比較適用。

除這兩種礮之外，還有輕榴彈礮、山地榴彈礮，口徑都是一零五公厘。前者彈重十六公斤，後者十二公斤。射程近一萬公尺，威力都比野礮和山礮强烈，可加强兩者之不足。

學員們把每一種礮彈都搬動一下，試試它們的重量。張奇蘭一時大意，砸傷了左腳，楊大春看在眼裏，急忙攙扶她坐在一旁休息。其他同學都跟著李團長觀看掩蔽好的各種礮位以及礮手們表演的各種動作，大家都覺得有趣。

從礮兵陣地出來，勞軍團又參觀了四十七師的一個步兵營，這營武器精良，有一個連是機槍連，配備馬克沁重機槍四挺，每班都有輕機槍一挺。各連連長都有白朗寧手槍一枝。各排都配有三七小加農礮和九十公厘的輕迫擊礮或七七公厘的小榴彈礮。士兵年齡平均二十九歲，訓練有素，經驗豐富，據說曾參加過幾次戰役，獲得最高當局的多次嘉獎。崔惠芳對於自動步槍很有興趣。這種槍發明沒有多久，可以自動裝彈、退殼；不過仍須人手扳機。口徑與普通步槍相同，瞄準一次，可以射出多發子彈。發射速率每分鐘二十至二十五發。有一位連長從士兵手中拿過來一枝自動步槍遞給崔惠芳，對她說：「你可試射對面一千公尺的松樹上棲息的烏鴉！」她一扳槍機，果然連發了幾發子彈，那烏鴉應聲墜地，樹枝都被擊落很多。她高興地跳了起來，不斷地說：「這槍真是兼有步槍和輕機槍的效用啊！」身旁的士兵都嘖嘖稱奇，都說她瞄準力很強。

南懷化可能是敵人進攻的核心陣地，所以趙副官催促他們儘早離開步兵營往那裏繞一圈。張奇蘭一拐一拐地上了車，大家都在關切她的傷痕，咕咕唧唧說個不停，很快就到達目的地。有人提議去喫午飯，大道旁剛有一家飯舖，他們匆匆喫了羊肉莜麵，就爬上了西翼的高地。從這裏遠眺忻口，冒煙的火車正在向北奔馳，界河舖的炊煙和蜿蜒向東的滹沱河也可一覽無遺。李仙洲師長正在指揮官兵進行攻防演習，他們佇立觀看一陣，就進入水泥鋼筋建築的地下城。楊大春忽然想起張奇蘭還留在車上，急忙飛奔下山陪伴她解除寂寞。同學們不知發生了甚麼事也無心耽延下去。不過對南懷化高地爲隱蔽士兵之身體及槍礮子彈，使不爲敵軍所見而精心設計的各種掩體都留下極深刻的印象。

武碧馨遠遠望見楊大春和張奇蘭坐在一起聊天，嘻笑的臉立刻綳得很緊，回頭向背後跟著她的人說：「你們看車上兩個！假裝傷了腳，原來是爲了找機會談心！」別人知道她含有醋意，多數不以爲意。只有吳健東回應道：「我親眼看到張奇蘭被礮彈砸了一下，怎能說人家假裝？」武碧馨很惱火，但又說不出甚麼。

卅五、難忘的一晚

勞軍團到前線繞了一週，本想經忻口直回省城。同行的趙副官說忻口車多，交通堵塞嚴重，不如仍由原路回去。於是經奇村，直奔嘉禾。

那時，夕陽西下，穿著長袍的陳敬棠仍然在大門口盤桓，楊大春遠遠望見老人叫司機減低車速，預備在門口停車，與老人打個招呼，說聲再見。想不到陳老一定要他們停留一晚。

何秀芝聽到車聲，即刻跑來前院。她看到那班年輕朋友魚貫而入，不由地喜上眉梢。張奇蘭行動蹣跚，當然引起她的注意，立刻上前攙扶，又替她拿著手袋：「我家裏有瓶馬來亞千里追風油，專醫跌傷，你先去三院，我替你塗抹，包你很快就好了。」

陳敬棠接待其他學員進入過廳休息，又叫常二毛打掃房舍，點燃焦炭火爐，以備他們住宿。

何秀芝料理張奇蘭妥當，讓她先在自己睡房休息。然後去樓院叫來陳家的廚師準備膳食。長工預備了六間房舍，每兩人佔一間。這些房子，都是陳敬棠擔任村政處長時，款待省府高官及外來貴賓的客房。設備齊全，舖蓋舒適，在當時的農村很難找到這樣的居停。

傅占元和李德源搬進睡房之後，頻頻對李德源說：「陳公館好喫好住，我們多住幾日就好了。」李德源說：「我叔叔結婚的洞房都沒有這樣豪華。」傅占元開玩笑地說：「那麼今晚我們就入洞房吧！」說著就摟著小李吻了一頓。

陳敬棠和他們一起用飯之後，回房休息了片刻就出來和大家討論時局。

楊大春首先報告了參觀前線的經過及他個人的觀感。

陳老說：「忻口戰線上的防禦工事已經建造了一個多月，充分顯示閻錫山決心要在忻口堅守下去。因爲忻口離太原只有一百多公里，忻口一旦失守，太原就保不住了。就戰爭來說：地形、武器固然重要，旺盛的士氣更加重要。今次由衞立煌軍隊擔任正面防衞，我想士氣一定昂揚，敵人的銳氣將要受挫。」

王天林問道：「陳處長！請問……」問題還未說出，陳老就舉起右手下壓抑了數次：「上次我不是曾經說過不要稱呼我陳處長嗎？現在我只是一介平民。」王天林被說得很不好意思，點了點頭，說了聲對不起就繼續問道：「陳老認爲衞立煌好過晉綏軍嗎？」

陳老說：「晉軍連敗數次，李服膺無故撤退，被當局處死，梁鑑堂在茹越口陣亡，王靖國守不住崞縣，晉綏軍已經潰不成軍，你們想想晉綏軍還能打嗎？衞立煌就不同了，他自從北伐以來，戰無不勝，攻無不克，是中央軍的一張王牌。日本鬼子聽到衞立煌三個字恐怕就要退避三舍了。」

楊玲覺得不以爲然：「陳老，我們前晚曾經見過衞將軍，他又矮又胖，還沒有陳老高大威武呢！」

陳老搖了搖頭：「人不可貌相，海水不可斗量，你聽過嗎？衞立煌做過孫中山的衞士，民國十四年孫先生在北京逝世，衞立煌在廣州聞訊，曾經嚎啕大哭，痛不欲生，可見他是孫中山的忠實信徒。後來轉入粵軍做了排長，由於他勇敢善戰，二十二歲就當了營長，號稱小營長。北伐時龍潭一役，他率師打敗孫傳芳，使南京轉危爲安。中原大戰，他任徐州衞戍司令，皖北剿匪，粉碎了徐向前，張國燾的老巢。國府把金家寨改爲「立煌縣」，你們說他厲害不厲害？」在座的都點頭稱是。

張奇蘭問：「萬一省城淪陷，請問我們太原縣會不會波及？」

陳老尋思了一下：「日軍兵員有限，主要攻擊交通線城市。太原縣雖離省城不遠，但地近呂梁山麓，又在河西，一兩年內他的政權不會伸展到那裏。」

崔惠芳說：「今天趙副官說他弟弟在黃紹竑部隊裏帶兵，他們正開拔往娘子關前線。」話還沒有說完，陳老突然長歎一聲，很驚異地說：「這可不得了！」接著又咳了幾聲，一時說不出話來。楊大春低聲回顧眾人說：「保持肅靜！」又用手摀著嘴巴。

等待陳老心平氣和之後，斷斷續續地說：「你們有所不知，黃紹竑是廣西軍隊，裝備差，素質低。倘若娘子關不保，忻口腹背受敵，有十個衛立煌也不濟事了。如果這消息當真，咱們山西就完了。」

學員們聽了，個個面如土色。

一會兒陳老反悲為喜，摸了摸鬍鬚又對大家說：「我已經老了，日寇來了，可以一死了之。你們正當盛年，任重道遠，可不要悲觀。蔣委員長是全國公認的偉大領袖，只有他可復興中國。你們要緊緊跟隨他，抗戰到底。任何人的花言巧語都不可聽從。中華民族的價值觀是先義後利，活得光明正大，對得住自己的良心。」

學員們對陳老的叮囑深受感動。散會以後，各自回房。每個睡房中都預備了水果和糕點，供他們享用，其中有崞縣的梨，清源的葡萄，忻州的馬蹄糕，綠豆糕、瓦酥等等。楊大春對何妙芝診治張奇蘭的瘀腫更是感同身受。陳家上下給予他們的禮遇真是終生難忘。

卅六、閃電結婚

勞軍團在省城逗留兩天，讓學員們自由活動。當他們回到三官廟的那日，河西抗日救國總動員大會正在開會，討論訓練班三個月期滿結業後是否舉辦第二期的問題。會後，何傳廣以總幹事的身份宴請全體委員。席間武忠棠和楊璦談及兒女的婚嫁問題。武忠棠表示他家要去甘肅蘭州避難，計劃把女兒和寄養的孫女找個歸宿。何傳廣從中插嘴說：

「武村長！那麼我就做個媒人吧！你的外孫女張奇蘭和楊村長的兒子楊大春已經相當投契，只要你二位認可，我這媒人錢就賺定了。」

武忠棠很詫異地說：「有這樣的事嗎？我一點也不知道。」然後把眼光移向楊璦那邊，楊璦笑得合不上口：「何指導員的消息比我們靈通，這事情我一點也未聽過。」何傳廣說：「他們兩人若即若離，克制得很密實，一般人都看不出，當然你們不會知道。」

於是武、楊二人商定，等他們各自諮詢家人以後即從速進行。武忠棠更主張越早越好。當晚楊璦召回楊大春把何傳廣說媒的事轉述給兒子聽，問他是否真有其事。楊大春起初默不作聲，最後也不諱言。

武忠棠夫婦則先從側面打聽，武碧馨在父母雙親面前很坦白地說：「楊先生本來喜歡我，我也崇拜他。後來表姐不要臉用各種手段搶奪過去。這次去勞軍公然坐在一起，幾乎把我氣死。」說著已經淚呈於睫，一頭倒在武太太懷中。武忠棠對妻說：「既然是這樣，就不必問奇蘭了。」武太太搖搖頭：「不，還是問問好；她已二十歲了，怎能不問！你做舅父的擅自作主，將來會怨你一世。」

楊瑷得到武忠棠的消息，知道張奇蘭同意下嫁楊家，樂得兩夫婦整晚都沒有睡著。楊老太盤算了一夜；又覺得女方無父無母，命太硬；娶她過來，妨這個、妨那個，豈不糟糕？天亮起身時對丈夫說：「不能完全由著大春，我必須親自去看看，我連新媳婦還沒有見一面，怎麼行？」

楊瑷夫婦到達武家寨武忠棠大門時，扣了兩聲門環不久，一個梳辮子的姑娘跑來開門，笑嘻嘻地道聲早，然後伸出右手：「請進！」楊老太拖拖姑娘的手，見她瓜子臉型，眉清目秀，薄薄的嘴唇，牙齒雪白，目光烱烱有神，兩個酒渦深陷，笑得媚態動人。楊瑷對這姑娘並不陌生，順口問道：

「令舅父在家吧！」

「在，跟我來！」

楊老太走在姑娘身後，見她個子有如大春，身裁苗條，步履輕盈，不由地低聲問丈夫：「這個是嗎？」楊璦點點頭：「那個沒有辮子。」楊老太的疑慮和顧忌立時打消。

武忠棠接待他們進去，雙方商定夏曆九月二十九日按照本地習俗成婚，楊家來武家迎親。

爲了時間所限，三書六禮的規矩都加以簡化。楊璦於第二日備了轎車，載了禮盒和銀幣三百元到武家過禮，將納采、問名、納吉、納徵、請期等五項古禮一次完成。武忠棠隨即帶了甥女到省城置辦嫁粧。武太太本想帶著女兒同去幫眼物色首飾，武碧馨愠色未改，骨嘟著嘴說：「又不是我嫁，我不去！除非讓我嫁……。」最後幾個字沒有說出來，但她媽知道她的心理，也就不勉强她。

楊璦只有一個兒子，當然要辦得體體面面。楊姓子弟聽說迎親的日子已定，個個都來協助張羅一切，釀酒的釀酒、磨麵的磨麵、做豆腐、蒸饅頭、宰豬、殺羊、蒸糕、縫衣、清潔、搭棚等等的工作都能分頭進行，如期完成。

結婚的前兩日，楊璦門口已經張燈結綵，鑼鼓喧天。大門口的對聯是請趙鉄山寫的：

上聯是「縷結同心山海固」

下聯是「樹並連理天地長」

橫批是：「心心相印」。綵布大棚柱子上的對聯是：

「且看大春迎佳婦」

「從此滿院長奇蘭」橫批是「天作之合」

迎親日到了，遠近來的賓客和車輛把楊家莊擠得水洩不通，村裏的男女兒童跑來跑去看熱鬧，樂得好像過新年一樣。早上的筵席完畢，門口的鞭炮劈劈叭叭響了，鼓手隊開始奏樂，鑼鼓在前開道，跟著旗幟，萬人傘，楊門歷代的功名牌匾，縣裏的童子軍交響樂隊，鼓吹喜曲的鼓手隊，按著次序魚貫而行，四頂花轎前面是新郎，伴郎，娶親的不時向街道兩旁圍觀的群眾行禮作揖。最後還跟了四輛華貴轎車，拉車的騾子脖子上都戴著銅鈴，叮噹叮噹響著。車上坐的是隨侍人員和新郎的友好。這個行列足足有兩里多長。

武家寨的村民聽到三聲大爆竹，男女老少都站在路旁圍觀娶親的隊伍，娶親的、新郎、伴郎都下轎步行，行禮如儀。

最前面開路的鑼鼓到達女家門口，鼓手在鞭炮聲中進入大門，不停地吹著喜曲，娶親向武忠棠行禮致賀，再由新郎上堂向女家長及祖先牌位跪拜，男方的一行人等便進入客廳。

宴罷，武家派一男童捧著盤子進來，盤中盛有金花一對，紅綠彩帶各一條。於是伴郎把金花分插在新郎的禮帽兩旁，彩帶則斜披在新郎胸前，當地叫做「披紅掛綠」。顯示新郎已得到嬌妻。

張奇蘭化粧停當，武家的一個小童拿一條紅頭繩在她面前，上下左右作十字型地比劃了一下，習俗叫做開臉。接著在面前幪上一塊紅綢，坐在疊成正方形的棉被上，由武忠棠兜著被角抱她到轎上坐好，武太太上前祝福幾句，放下轎簾。管事的一聲「起——轎」，迎親行列就循序離開武家寨。

鑼鼓到達楊家莊，早有人點起火把迎接，一會兒又有數丈長的鞭炮在大門口響了，鼓手吹起得勝回頭的樂曲，新娘在灑草料盤者的頌讚聲中被送客及坐車的攙扶著下了轎，踏著紅氈到喜棚中的天地堂前與新郎共拜天地，感謝神恩。

司儀引導新娘，同時又灑草料，說吉祥話把她送入喜房坐帳，除去臉前紅綢，露出真面目。等她從喜房出來轉到洞房的途中，仍由司儀引領。這時圍觀的最多，爭相觀看新娘的花容月貌，普遍認爲張奇蘭十分標致，大有「此姝應是天上有」之概。

新郎和新娘飲了合巹酒，喫了和氣麵，送客給大家派發了和氣饃饃，糖菓等，中間有空的時候，新郎新娘都是面壁而坐，習俗叫做背娘家。晚上鬧新房可最熱鬧了，由於「三天無大小」，楊家的年輕小伙子和訓練班的男同學統統到了。大家出盡了法寶，肆意調戲新娘，張奇蘭始終笑語盈盈，應付裕如，顯示出時代女性兼大家閨秀的風範。

按照習俗，第二天新娘在送客和坐車的陪同下先要到喜房做許多節目，包括掛手巾，喝梳頭麵，抓富貴，送禮物，把辮子改裝成髮髻等等，然後穿起古裝，頭戴鳳冠跟著新郎到天地堂逐個逐個拜謝親朋。最後由鼓手奏樂前導去祠堂拜營。午宴後偕同送客，坐車的及一干人等往武家寨回門。他倆在武家住宿一夜，接近黃昏時纔回到楊家。第三天親戚散去，這場閃電結婚也就劃上了句號。

卅七、蜜月生活

楊張結婚前兩日，訓練班如期結業。學員們在何傳廣安排下各奔前程，全部教官都回省復職。至於三官廟的學校也因時局緊張關係，早已停課。因此楊大春婚後終日在家陪伴嬌妻，展開了他們的蜜月生活。

張奇蘭在訓練班的日子裏，表面上對楊冷淡，內心卻早已傾心於他。楊大春雖然對楊堅說過「抗戰不勝，絕不談愛。」；但在感情上畢竟抵擋不了來自張奇蘭的磁力。所以他倆結婚後真是情投意合、恩愛非常。

對於公婆方面，張奇蘭幼失父母，當然會移情於兩老身上，早晚噓寒問暖，勤操家務，引得兩老笑口常開，鍾愛有加。三個小姑停學在家，張奇蘭又主動給她們補習，輔導她們繼續學業，儼然成爲她們的家庭教師。

張奇蘭早歲讀中學時，正當新生活運動推行的初期，充分體會到「整齊，清潔，簡單，樸素」的真諦。婚後她協助楊大春整頓楊家的住宅。原來楊璦數代務農，不講究住的問題。一個大院中一排正房除了中間的正廳供奉神明和祖先神主外，其他由自己和兒女佔用。南面的一半是長工宿舍，騾馬圈、猪圈，厠所等。中間盤了一盤石磨。西牆下面是炭倉，雞籠，狗窩和農具架子。東面山牆中間開了大門，面向一片場地。大門樓子下面停泊大車。這樣的格局不但零亂，而且南風一吹，牲畜圈中的糞便臭味剛剛吹入主人的住房。風大的時候，塵土，樹葉、煤屑和雞毛吹得滿院都是。楊家大小在這種環境中住慣了，都不以爲意。

張奇蘭進門之後，銳意改革，結果把一宅分爲三院。家畜和厠所、磨房等佔南院。長工、大車，柴草房，煤炭倉和農具佔中院。主人房、正廳，廚房佔北院。南院、北院和中院之間，建造了雙扇二門，大門的位置不變。最進步的是北院和中院都安裝了污水管，糞便和污水都可直接流入厠所。清理厠所和運送糞便不必經過北院。

其次是楊家莊的大道上有大車碾過的車渠，家家戶戶爲了貪圖方便，把垃圾、煤渣等物都傾倒在渠上，日子久了大道就越墊越高。本來很平坦的大道，形成馬鞍形的狀態。同時雜物橫陳，臭氣揚溢，既不衞生，又礙觀瞻。張奇蘭和夫壻出門散步，覺得楊家莊的人過於落後。於是慫恿楊璦整修街道；並在東西兩個村口外邊空地上各建垃圾池一個；又在村莊的中心設置垃圾小鐵車一輛；倒滿的時候，由村公所派人推往垃圾池焚化。接近村口的人家祇准直接傾倒垃圾於池中，不得使用鐵車。這項工程完成之後，正逢農曆新年。來楊家莊拜年的外村人都說楊家莊變了，變得氣象一新。

對村民造福最大的還有一項，就是建造了五寸洋灰厚的生產平台。原來楊家莊葦田很多，村民除了賣蘆葦往蒙古外，還利用農暇編蘆席售往本省各地。從前，村民碾葦子，編席子，都在村裏的空地上進行。颳風天，沙塵滾滾。下雨天，泥漿遍地。生產起來，非常艱苦。張奇蘭敦促楊大春向大戶勸捐，自己也捐出兩百銀元，購買洋灰和石籽，又從沙河河灘挖來數十車的沙，很快就建成六十方丈的一個廣場平台，供給村民在上面生產蘆席。

以上種種善舉都由張奇蘭發動，楊大春日以繼夜地四處奔波，協助完成的。他倆除了閒時卿卿我我外，大部份時間都寓快樂於工作之中。每逢他們把臂出遊，看見村民用笑臉表達謝意時，心頭感受到的甜意，比世俗的任何蜜月都甜。

卅八、不辭而別

楊大春結婚以後沒有幾日，山西局勢急遽惡化。中央軍退至韓侯嶺，晉綏軍轉移東西山區。晉中以北的交通線，都被日軍佔領。楊家莊一帶，地方偏僻，仍然安謐如常。村民日出而作，日入而息，生產並未停頓。蘆葦和蓆子雖然滯銷，生活還沒有太受影響。

幸福的日子過得特別快，轉眼已到暮春三月。王家墳村的杏花開了，遊人如鯽。楊大春夫婦和他們三個妹妹各人都騎了一輛自行車前往賞花。他們在杏花林裏踱來踱去，湊巧遇到訓練班的同學白勵生和潘大成也來遠足。據他們說：省城淪陷以後，何傳廣領導戰地工作團展開敵後游擊，曾多次重創敵軍，阻延了日軍進攻臨汾的日程。農曆新年前，日軍渡河掃蕩大小王村；何傳廣在狙擊戰中受傷送往後方診治。同學中也有幾個當場犧牲。由於戰地工作團晝伏夜出，發展迅速，令敵人寢食難安，至今再不敢窺伺河西。張奇蘭乍聽這個不幸的消息，淚珠滾滾而下。楊大春也許久不言，自愧不如。爲了私人感情，置國家民族於不顧。想起當時在訓練班對同學們所說的豪言壯語，頓覺無地自容。

當晚楊大春和張奇蘭整晚都沒有睡著。他倆不停地讚歎何傳廣的英勇精神，又悼念爲國犧牲的同學。翻來覆去，長吁短嘆，平時的歡娛浪漫之情一掃而空。直到五更雞叫了，張奇蘭突然從被窩裏坐了起來，拍了楊大春一下：

「哎！我想通了！往者已矣，來者可追！」

「說來我聽聽！」楊大春翻了一下身，攬住妻子的腰。

「你在家這樣也不是辦法。遲早日軍要向河西伸展。那時我們就沒有好日子過了。倒不如去後方做一番事業。」

「我走，你呢？」

「我當然要留在家中。一來公婆年老、乏人侍奉。二來肚裏這個也不能令他隨著我們東奔西跑。等他大一點，你在外面也安定下來了，我們再去不遲。」

楊大春爬起來吻了妻子一下，順手摟著她倒了下去，久久纔放鬆一點：「我怎能捨得離開你！我的心肝！」說著又緊緊地抱住不放。

張奇蘭用力掙脫開來，假裝很生氣的樣子：「你不聽話，我就永遠不理你！」

楊大春有些軟化：「就是我願意走、父母也不讓我走啊！」

「這個我有辦法、令他們不知道。」

「你說是要偷走？來個不辭而別。」

「是！只有這個辦法。」

「那我不是落個不孝之名？」說得很嚴肅。

「不，有我代你盡孝。不久，我生產以後，兩老更加好過。古人說：『不孝有三，無後為大。』你已經有後了，怎能說你不孝！」

楊大春起身以後，猶豫了很久。覺得妻子說得很有道理。決心按照她的計劃去做。

張奇蘭兩手捧著丈夫的臉用勁親了他一下，笑嘻嘻地對他說：「聽我的話去做，就是我的好丈夫！」說著又親了一下。

「你的計劃怎樣？說來我聽聽。」

「明天你去張羅點錢，再帶著我的首飾；並將日常需用的物品裝在手提包裏，然後假裝若無其事地離開楊家莊。晚上老人問起你來，我就說你去清源探望朋友。過了幾日你還不回來時，我假裝哭哭啼啼，斥責你負心，哄騙我。我不梳頭，不喫飯，他們一定來安慰我。你一到汾陽就寫封信回來道別。我再表示傷心，嫁錯男人。那他們就不會懷疑我慫恿你走的。」

「好計！好計！就這樣辦！不過我不能拿你的首飾。我自己會籌錢。如果到了西安有困難時，爸爸會兌給我。」

「不、出門在外，一文錢逼倒英雄漢。黃金最值錢，到處都可變賣，你一定帶著。」

「不，你沒有聽過『匹夫無罪，懷璧其罪』嗎?帶著那樣貴重的東西，會招來殺身之禍呢!親愛的!這一點你要聽我。」

「那麼，我還帶來十塊銀幣，我替你縫在褲腰上。」張奇蘭立刻從粧奩中取出十塊銀元，逐個敲了一下，表示都是真的。一切準備就緒，於翌日黎明，他倆按照平時出門晨運的時間，手拉手奔向汾河渡口。兩人緊緊地抱著、互道珍重，強忍著悲痛。張奇蘭突然想起四年前雙親遭遇空難，一時無父無母。今番愛郎遠去，又要空房獨守，禁不住涔涔淚下，越流越多。楊大春慌忙撫慰，須臾自己巳哭成淚人。那時一陣風來，楊柳簌簌作響，似乎催人上路。楊大春吻別愛妻乘船渡過汾河。張奇蘭遠遠揮手，不勝依依。楊大春從小店鎮向南奔馳，一路跋山涉水，真是前路茫茫。

卅九、投筆從戎

楊大春到達西安不久，適逢中央軍校七分校招生。他絲毫不加考慮，逕往南郊的王曲報考。他入伍後被編入一個特別大隊，營房設在太乙宮的翠華山山麓。

營房的入口處懸掛著一副對聯：

「升官發財請走別路；

貪生怕死莫入此門。」

營房的設備很簡陋。一個區隊三十六人，同住在一條大炕上。宿舍後面有一個乾土廁所，大小便以後自己必須用鐵鍬剷土埋上。洗面刷牙要跑到溪邊蹲在石頭上舀水；冬天要設法打開冰層取水。每日兩餐，每餐一個大饅頭。這樣的生活對楊大春來說，當然很苦。不過他爲了救國，爲了抗日，爲了尊重愛妻對自己的希望，一直忍氣吞聲，完成了兩年的嚴格軍事訓練。

在那漫長歲月裏，楊大春和張奇蘭每個月都有書信往來。當他入伍不到半年的時候，他接到愛妻和嬰兒的照片，張奇蘭告訴他誕生了一個男孩，爺爺給他起名爲「念春」。這個名字雖然有違傳統的排名方式，但她也同意這樣的叫法。因爲自從他走後，全家老少沒有一天不在思念孩子的爸爸——大春。最後接著一句是「作爲一個空房獨守的妻子來說，其思念之情，惟汝知之。」楊大春讀至此，不禁悲從中來，淚如雨下。

離開軍校徼幸被派到衞立煌（注七）麾下見習的楊大春，曾參加過第四次的中條山戰役，又在收復鄭州的戰役中因功升任連長。洛陽轉危爲安，恢復平靜。十多萬人列隊歡迎凱旋歸來的部隊，楊大春當然趾高氣揚地步過街心。沿途民眾高唱：「衞立煌，指揮好！」那歌的內容是：「中條山高又高，衞長官，指揮好。飛機轟不動，大炮打不倒。活動堡壘威力大，我軍守得牢又牢，打得鬼子無處跑，無處跑。」楊大春的連隊進入廣場，等待長官部頒獎時，一群記者和政工人隊的隊員蜂湧而至，要求他簽名留念。他伸手掏筆時一不小心，把日記本和張奇蘭的相片跌在地上，有一位女政工隊員拾起來高聲問他：「這是誰？這是誰？」許多人都圍上來爭著看，楊大春慌忙搶了過來，有人還在問：「是誰？真漂亮！」楊大春只好回答：「是張奇蘭，我老婆。」

不久以後，楊大春隨軍轉戰豫南，還參加了第三次長沙會戰。其間有三年之久，因郵路阻滯，再沒有接到家信。他發出的信，有沒有寄到淪陷已久的家鄉，也不知道。

民國三十二年春，河西地下游擊隊從廣播中聽到蔣委員長對從軍學生的訓話，勉勵學生請纓做無名英雄。於是，何傳廣、王天林等就在河西發動淪陷區的青年往後方從軍，響應中央「一寸山河一寸血、十萬青年十萬軍」的莊嚴號召，一時居然有三百多人報名參加。

張奇蘭念夫心切，趁機會帶著七歲的兒子跟著青年們經過克難坡到達重慶。她在陸軍司令部的協助下轉往貴陽，希望在那裏和駐守衡陽（注八）的丈夫會合。那時，楊大春在薛岳部下晉升師長，軍方對這位軍眷非常禮遇。

楊大春在軍部聽到張奇蘭從貴陽打來的電話，欣喜若狂，恨不得插翅去共叙天倫；尤其是那七歲大的兒子他還緣慳一面，怎能不急。可惜日寇自攻陷長沙後，繼續南竄，楊大春師是守禦衡陽主力之一，怎能抽身前往。他在百忙之中修書一封，詳述別後遭遇及思念之情；勸她暫留貴陽，一旦局勢緩和，當即請假團聚。最後還叮囑如遇敵機空襲盡量保護念春，免受驚恐。

發信之後兩日，我方第十軍方先覺部與敵展開血戰。當局不斷增援，嚴令寸土必爭。經過四十八日的苦戰，敵軍死傷六萬六千；我軍也犧牲殆盡，陣地全毀，彈盡援絕，楊大春誓與城共存亡，率餘部進行巷戰，最後在肉搏中壯烈殉職，那天是民國三十三年八月八日。

楊部重傷的副官汪兆成曾由楊大春遺體上檢獲日記簿一本，內有張奇蘭及念春母子照片各一張還有寫給張奇蘭的新詩一紙。及至長官部把那些遺物輾轉送到張奇蘭手中時，宛如地塌天崩，令她立刻暈厥，後經軍方急救，方纔慢慢甦醒。由於刺激過度，神經嚴重錯亂。不時呼喊：「我的丈夫呢！我的兒呢！我要他們一齊來！」一連三天都拒絕進食。一見護士或醫生進來，她就大叫：「給我丈夫！給我兒子！」成天哭得死去活來。

過了一個多月，南丹（注九）失守，貴陽吃緊。軍方把母子送往重慶休養。經過婦工人員和山西同鄉們的多方開導和勸慰纔算康復。遺族子弟學校本來要把念春接過去代她教養，可是她堅持要留在身邊，親自培育。過了一個時期，她深恐公婆掛念，便領了一筆撫恤金，帶著兒子循原路回到故鄉。

四十、忠孝之家

楊璦夫婦倚閭而望，心焦了幾個月，乍見兒媳和孫子帶孝回來，想必凶多吉少。不待張奇蘭說完，他倆已經唉聲嘆氣，老淚縱橫。楊老太更一屁股坐在地上放聲號哭：「大春啊！我的心肝啊！你到那裏去了？丟下你娘怎麼過呀！老天爺啊！怎麼這樣狠心呀！辛辛苦苦三十年，楊家就這一苗苗，你竟這樣殘忍啊！連一根頭髮也不讓我見啊！」張奇蘭母子受到感染，也跟著哭成一團。長工夫婦和左鄰右里都聞聲趕來，眼見楊璦呆呆坐在那裏，方纔知道楊大春戰死沙場。於是一傳十、十傳百，紛紛走來弔唁，整個楊家立刻陷入愁雲慘霧之中。翌日，楊家祠堂設起牌位，各方人士都來追悼。

鄉下農民多數迷信命運，他們傳言張奇蘭幼失父母，命根太硬。楊大春被她妨死，並不偶然。平日瞧不起大學生的范國喜在暗地裏更對人說：「自古道：『紅顏多薄命』，薄命人守了活寡守死寡，當然要妨死男人。一個人既然喜歡紅顏，當然要做撲燈蛾。世上人的禍福都是自召，怨不得誰！」楊老太見識短淺，自然認同這種論調。半夜醒來，當然免不了埋怨老伴糊塗，又無主見：「人家姓武的那姑娘有祖母、有父母，十十、全全，你不考慮，偏偏選擇這個沒有風水的苦命人。」因此張奇蘭所受的壓力比在重慶還大。好在楊瑷通情達理，不但不把兒子的戰死歸咎在兒媳身上，反而極力安慰她，鼓勵她，叮囑她用心培養念春，繼承父志。另一方面，張奇蘭把領到的撫恤金全部交給了楊瑷；並且多方表白，矢志守節，培育念春成人。一再對人說：「生爲楊家人，死爲楊家鬼。無論怎樣艱苦，永不離開楊門一步。」楊瑷看到兒媳克勤克儉，忍勞耐苦；於是逐漸把家務移交給她，令她管理一切。張奇蘭對公婆也特別孝順，晨昏定省，從不間斷。與楊大春的三個妹妹也相處得很融洽，好像親姊妹一樣。

楊家的土地不少，張奇蘭不時跟著長工前往農地瞭解情況，吸收了不少農耕的經驗。有時還親力親爲和長工，僱工一起耕作。每逢農忙季節她更是天天都要下地。所以那些年楊瑷農地的收入普遍增加，樂得楊瑷笑逐顏開。楊家的人都說楊瑷的兒媳强過別家的兒子。

千字文（注一〇）有兩句話：「孝當竭力；忠則盡命。」張奇蘭和楊大春確實做到了。戰後最高統帥親筆題贈的橫披：「忠孝之家」永遠懸掛在楊家的廳堂上。

四一、抗戰勝利

民國三十四年八月十五日即農曆七月初八，日本天皇正式宣佈無條件投降，第二天早上蔣委員長向全國發出廣播，宣告抗戰勝利。全國各地鐘鼓齊鳴，鞭炮之聲不絕於耳。河西地下游擊隊的男女健兒大搖大擺地進入縣城，準備迎接前來接收的政府官員。有人提議爲楊大春舉行一次盛大的追悼會，表揚他的愛國精神。楊璦聽到以後，急忙跑去加以阻止。他說：「我兒已經犧牲了，死者不能復生，不必多此一舉。莊子說過：『爲善莫近名，爲惡莫近刑』，我寧願我兒做個無名英雄。我們楊家一向以耕讀爲業，我們喜歡過寧靜的生活，一切都保持低調。如今勝利了，你們儘管升官晉爵，我只要做個平民。希望你們轉告何傳廣先生，再不要騷擾我。當我沒有生過兒子世上沒有楊大春其人。」

省城光復了，閻錫山也於八月二十九日回到太原。秩序漸漸恢復，逃難在外的人士陸續回鄉。武家寨的武忠棠夫婦也從蘭州回到家園。那時，中秋已過，金風送爽，秋收已近尾聲。

張奇蘭帶同長工在地裏翻耕土地，準備播種小麥。忽聽鄰地的武家寨農婦說：

「武忠棠昨晚回來了，人家坐的是飛機。咱們這些窮人不知幾時才能坐一坐飛機？」

張奇蘭顧不得回家梳洗換衣，向長工吩咐幾句就直奔武家。武忠棠正在庭前修剪花木，遠遠望見一位農婦進來，立刻大聲吆喝道：「你找錯門子了，我不認識你。」

「舅舅！是我，我是奇蘭！」這一聲使他恍然記起分別了八年的甥女，正要移步接應，她已撲上前來，抓住了他的左手。武忠棠甩下手中的工具，拍了拍甥女的左肩：「蘭！看你這個樣子，我就心疼死了。手這樣粗糙，衣服這樣鄙陋。你不叫我，我真的不敢認你了。可憐！可憐！」張奇蘭早已泣不成聲，聽了舅父這樣一講，更令她悲從中來，不停地流淚。

武太太聽見了丈夫在庭前講話，禁不住出來看個究竟。「快過來，是奇蘭！」武忠棠這一呼喚，武太太立刻跑過來抱著甥女：「這裏大風，快進屋裏坐吧！」

三人坐定之後，張奇蘭一開口就問外婆和表弟妹的近況。武忠棠說：「你姥姥二十八年已經不在了。表弟在上學途中，被日本飛機炸彈炸死了。表妹參加了戰地工作團，至今下落不明。想不到五個人出去，只回來我們兩個。這一場戰爭對我們來說真是一場大難。」說時不禁老淚縱橫。武太太也跟著哭了。

沉寂了一陣，張奇蘭問表妹有無結婚。武太太說：「蘭！不瞞你說，碧馨暗戀大春。她給姐夫寫的信不知幾千百封，人家不理她，那些信都退回來了。你舅舅託人給她介紹了幾個青年，她說她有老主意，絕不聽從父母之命。最後她突然要去河南，參加戰地工作團，一去就無音訊了。」

「你們有沒有去河南找她？」

「有，你舅舅從蘭州到潼關，買了個毛驢，騎著走遍閿鄉、靈寶、盧氏、陝州，經過千山萬水，冒著槍林彈雨，找了兩個多月，也沒有尋見。灰溜溜地回到蘭州，骨瘦如柴，一病就是半年。那段日子，可把我急煞了。」

「舅舅！你有沒有打聽到一些線索？」

「那時部隊調動頻繁。本來大春的團部曾經駐紮靈寶，我去了找他時，人家已經調往別處。後來我到了盧氏，從商縣來的軍人說有一群女學生去了重慶當遠征軍。詳情如何咱又無法打探。因爲戰爭時期樣樣保密，知道內情的人也不敢透露。我騎著毛驢翻山越嶺，公家還懷疑我是日本的特務，幾次都被扣留問話。」武忠棠還沒有說完，張奇蘭就轉悲爲喜，微笑著說：

「我看你們不必擔心了，表妹不久就會回來。……」兩老掀了掀身體，凝眸望著甥女，張奇蘭說：「我在貴陽時，聽說遠征軍被敵人截斷，分爲兩部，一部份跟著英軍退入印度整編，一部份仍在緬北抵抗。我想碧馨是軍中的文職人員，多數會退入印度。現在勝利多日，在外國的軍隊慢慢就會回國，所以說碧馨不久就會回來。」兩老聽了，立刻眉飛色舞，哈哈大笑。

廚房的張媽送來一碟薄餅，又沏了一壺熱茶。武忠棠親自斟了一杯端給孫女：「蘭！吃點點心吧！你把我們心上的一塊大石挪開了，給我們展現了一線曙光，你是我們的開心果。舅舅用這杯茶謝謝你吧！」武太太也跟著說：「兩三年來，我們到處求神問卜，上廟燒香，又參見了多位高僧大德，都說會失而復得，化凶爲吉。可是始終沒有令我們這樣開心。」武忠棠接著又說：「奇蘭！你身穿藍洋布薄棉襖，印花布補膝蓋的舊棉褲，頭罩白毛巾，表面是個農家婦，你的本事卻比命理占卜專家、玄學掌相大師還高明呢！你妗子天天哭哭啼啼，經你一說，竟能使她充滿希望，這功夫真是不簡單啊！」正說笑間，院中的黃狗一吠，一輛大車駛進了大門，張奇蘭起身說：「楊家的長工來接我了！」妗子拉著她的手依依不捨：「幾時能陪我們過一晚就好了。」

臨別，向兩老擺擺手：「表妹回來，早點通知我！」

四二、愛女歸來

十一月十一日，從昆明開往北平的軍方飛機中途在太原武宿機場停留一陣，下機的旅客有十多人，其中有一位軍官裝束的女兵，由軍方派車送她回鄉。吉普車越過汾河橋向南直奔，從南堰下坡駛入崎嶇不平的鄉村泥路時，唯恐撞倒行人，不停地響號。進入武家寨村口後，引來不少鄉民圍觀。有個中年婦人認出車上坐著的女兵是武忠棠的女兒武碧馨，急忙大聲呼叫：「那個娃娃跑得快，趕緊去告訴武忠棠，就說你女兒回來了！汽車正在駛來。」

武氏夫婦聞訊，疾走如飛，連忙推開兩扇大門。等到車子停定，武碧馨要轉身下車，左腳還沒有著地，母親就跪在地上抱著她的雙腿，連哭帶叫：「菩薩啊！你可回來了，三年來我和你爹爹日日望，夜夜想，飯吃不下，覺睡不著，左算卦，右扶乩，求觀音，拜呂祖，甚麼和尚，甚麼道士都請教遍了，都不能點明你到了甚麼地方。多虧你表姐說你可能到了印度，不然我們早就上吊了。」

武忠棠也涕淚俱下一句話也說不出來，四周圍觀的男女老幼個個被感染得涔涔淚下。司機等得不耐煩了，開口表示他要轉回軍部覆命，遲了就要受罰。武碧馨這才大力掙脫母親的雙手，翻身取出自己的行李，軍車才能掉頭而去。武忠棠接過女兒手中的行李遞給身旁的張媽，然後用右手拖了女兒，讓女兒的另一隻手拉著母親，向周圍的街坊鄰居點了點頭才並肩走過甬道回到客廳。

武太太帶著女兒轉入臥室，從衣櫃裏取出幾件衣服，含著眼淚說：「這還是你在蘭州替換下來的棉衣，我已經拆洗好了，帶回來準備你穿。」武碧馨脫下軍裝，換上便服，渾身的血液都感受到母愛的溫暖。

雙親和女兒坐在炕上，互相訴說別後的情況。武忠棠把騎著毛驢在豫西尋找女兒的經過以及幾次遇到的驚險的遭遇都一一講給女兒，話還沒說完，客廳裏張媽嚷著有人送東西來。原來武家寨有一間雜貨店是武忠棠遠房兄弟武旭華開設的。。他聽到侄女回來，便即刻蒸了兩籠羊肉飽子，親手捧來請他們嘗嘗。張媽收下了禮物，送走武旭華，便擺好碗筷和調味品等呼喚他們出來。

三人坐在客廳一面吃，一面說，一直把二十二個熱辣辣的飽子吃了個精光，等到張媽煮好肉絲片湯端來時，他們已經吃飽了。武太太說：「兩、三年來，我們都沒有胃口，沒有一天吃得這樣飽過。」武碧馨也深深感到「在家千日好，出門一時難」的古話一點也不錯。

當晚，武碧馨依偎在父母身邊休息。兩老抱著女兒如獲至寶，興奮得怎能睡著。武太太看見女兒腿肚上有一塊疤痕，立刻把她叫醒：「你是不是受過傷？」「是的，我在閿鄉前線被流彈擊中左腿，痛得要命，流了很多血，幸虧是插過腿肚筋，並未傷及腓骨。軍方送我往盧氏休養了一個多月。」「怎麼不來信告訴我們呢？」「通知你們也無濟於事，徒令你們擔憂。」武忠棠又問：「傷好之後，爲什麼還不回家？」「遠征軍選拔了我，怎捨得不去呢？那是一種榮譽，很多人都考不上。」「報載遠征軍替英軍解圍，連續打了幾場勝仗，揚威國際，怎麼又撤退到印度呢？」「我在緬甸患了瘧疾，那隔日瘧非常嚴重，軍方送我往印度孟買一間醫院療養，一去就是半年，以後戰況怎樣演變，我根本不知道。」母親摸摸她的身體，嘆了一口氣說：「打擺子那種病很傷人哩！你真是多災多難，相信那時會瘦了很多。你在印度就應該寫封信啊！」「戰場上死中求活，朝不保夕，人命不值錢，誰還顧得寫信呢？況且敵機到處轟炸，交通斷絕，誰知道一封信經過千山萬水會不會收到呢？那許多死去的官兵成千上萬，暴屍異地，有幾個親人去殮葬呢？不是人間無情，事實上困難重重。偶然寫封信令人傷心落淚，倒不如不寫呢？」

三人你一言，我一語，一直說到天亮還沒有說完。

四三、和好如初

過了兩日，天氣和暖，武碧馨一早起來聲言要去探望表姐。武太太喚來張媽陪她前往。武碧馨說：「我獨自去吧，三、四里路一會兒就到了，何必人陪！」她媽執意堅持：「天寒地凍，路上人少，沒人相伴，怎麼可以。你嫌不便，只叫張媽送到楊家門口，就叫她回頭。」

武碧馨身穿紫色緞綢對襟棉衣，披著草綠色薄絨女裝大衣，腳登美式平底漆皮咖啡色軍用皮鞋，踏上了經過三官廟的那條小路，真是百感交集。當年她和表姐抬著一筐南瓜與楊大春邂逅一瞥的地點就在那三岔路口。她看到路旁的荒草中還蜷伏幾個南瓜忍受寒風的摧殘，不禁想到過去八年多的歲月宛如一夢。經過三官廟時，她又想起在這裏曾經和表姐發生過感情方面的裂痕，今番見面也不知如何對答。

不知不覺，楊村長的豪宅已經在望。她接過來張媽手中的禮物，示意她轉身回去。楊家大門已經敞開，張奇蘭正在庭前打掃。武碧馨鼓起勇氣大聲叫了一聲「表姐」，驚動了臥在老樹下的黃狗，張奇蘭止住狗吠，撲上前去就把表妹抱住，武碧馨左手提著東西，右手也攬著表姐，兩人嗚咽不能成聲，互相吻著對方的脖子代表言語，足足十多分鐘才鬆開出聲。張奇蘭首先說：

「我有預感，知道你快回來。昨晚特地蒸好油糕準備送過去，想不到你真的回來了。」

「是前天下午到家的，和父母說了一夜話累得我睡了一天，今日一睜開眼就來了。遲了恐怕你出了門，撲個空。」

說時揩揩眼淚舉起手中的紙袋：「這是雲南的茶葉，奉送你家老人，一點點小小心意。」張奇蘭說聲謝謝，伸手接了過去，另一隻手拖著表妹進入自己的臥室。揭開門簾：「請進吧！老人還沒有起身，先在我這邊歇歇。」

武碧馨看見壁上掛著的楊大春遺像，低頭鞠了一躬，淚珠奪眶而出。睜開眼又看到鏡框裏嵌著幾句詞：「記得那年你送我，手拉手兒過小橋。汾水河邊楊柳岸，飛花飄飄。」

「那年是不是民國二十七年？」

張奇蘭顯得有些詫異：「你怎麼知道？」

武碧馨脫下大衣坐在炕邊，張奇蘭一面把大衣替她掛在衣架上，一面留神聽她說：「二十七年秋天，父親帶我去找尋學校。恰逢西安國風日報社舉辦追悼陳敬棠闔府殉國週年大會，由於我曾在陳府住過，並且聽過陳老講話，便要父親偕同參加。想不到在那裡遇見姐夫，他穿著一身灰色棉衣軍裝，腰間束著皮帶，對我們說他已入了七分校受訓，畢業後準備從軍。會後又說了三言兩語，表示他要趕回軍校銷假，便匆匆告別。我們回去和祖母談起，惹得她痛苦流涕，口裏喃喃地說：『我的奇蘭呀，真命苦，小時沒了爹娘，受盡悽惶。如今嫁了漢，男人又不在身旁。獨自受孤單，誰可憐你啊。』不久，天氣漸冷，祖母一定要我去把她親手織得一件毛衣和一雙毛襪送給姐夫。父親說郵寄好了，去一趟西安花費太大，不值得。祖母說我一定要叫孫女去問問奇蘭的生活情形，不然怎能對得起死去的女兒女婿。結果我拿了祖母的私房錢作為盤纏直奔西安。在客棧住了一晚，第二天又坐汽車抵達太乙宮。步行十分鐘才看見軍校的大門。荷槍的衛兵問我找誰，我說要見一位名叫楊大春的學員。他對我說：『你先去登記！』等候了很久，姐夫跑來了，那裡沒有會客室，也沒有座位，我們只好站著談話。我把祖母關懷他的心情告訴他，又把帶來的毛衣和毛襪交給他。問起鄉下的表姐怎樣，他說最近有來信，信中說鄉下太平無事；九月初二生了一個男孩，起名念春，公婆歡天喜地。三個小姑相處和睦，有空時教她們讀書寫字，還說吃用都很充足等等。他說至此，我約他到西安相會，詳細談談。他表示最近有大官來校巡視，請不到假。最後我勸他去蘭州教書，方便照應。軍中生活艱苦，風險又大。他立刻收了笑容，大聲對我說：『拋妻棄子就是為了從軍救國；如果教書謀生就不如守家在地了。』說完就和我握手告別，我只好悵然而返……」

張奇蘭聽得興趣正濃，念春忽然跑了進來：

「媽！爺爺奶奶起來了，等你開飯。」

張奇蘭拉著孩子面向表妹：

「快叫聲姨姨，行個禮！」

武碧馨俯身抱著念春，用力親了他的面頰，連聲笑著說：「真像姐夫，一模一樣！」然後拖著孩子的手一直進入客廳，這廳的右側就是楊家用餐的所在。

楊璦和老伴已經坐好了，張奇蘭搶先一步笑嘻嘻地叫聲「爹媽早安」，然後指著表妹說：「這是我表妹碧馨，前天由昆明回來。特地前來拜候二位，說著就把兩盒雲南普洱茶葉舉高展示一下。楊璦起身接受了禮物，然後對武碧馨說：「謝謝你的好意，請代我問候令尊，他回鄉多日，我還沒有去拜候，實在抱歉得很。你來到我家就好像你家一樣，請不要拘束，一切都可隨便。」

趁著念春和表姨講論餉子好吃還是花捲好吃的一剎那，楊老太低聲問丈夫說：「這是不是我喜歡的那一位，好像還沒有出嫁。」楊璦伸手到桌子底下捏了她一把，示意不准她多嘴，恐怕出現尷尬的場面。

早飯以後，念春背著書包上學去了。張奇蘭帶著表妹穿過楊家莊的街心，與編蓆子的婦女閒聊了幾句，個個都說武碧馨長得吸引人，比表姐更漂亮。武碧馨看看四周的環境不斷地讚揚楊家莊和從前不同了；清潔、整齊，垃圾不見了，豬狗糞便也不見了，碾葦子、編蓆子的人都集中在一起，不像從前那樣散亂了。張奇蘭對她說：「這都是你姐夫提倡改進的，現在每天都有人管理清潔，由村民輪流擔任。」她倆說著很快就到達沙河北岸的大春農場。雞聲喔喔，羊聲咩咩，好像是另外一個世界。一列一列的雞舍、羊舍，都經過科學的規劃。大門口的招牌是用英坭塑造的，藍底白字，非常鮮明。

武碧馨問道：「這不是咱們當年受訓時的大操場嗎？」張奇蘭回答說：「是的，你真好記性，咱曾經面對沙河打靶。」「有一次姐夫和崔惠芳比賽射擊不是也在這裡嗎？」「不錯，那棵樹仍然在那裡。」

管理員看到主人來到，慌忙拉開大柵，讓她倆踏著消毒盤浸溼了鞋底，然後遵照指路牌沿著用碎石籽砌成的甬道進入接待室。

她倆並肩坐在沙發上休息了一陣，張奇蘭把五年前創辦的經過和目前養育以及營運的情形說了一遍，接著又帶她參觀育雛室、孵化室、飼料房、儲藏室和兩間雞舍。

「妹妹，你是學農的，你看這雞舍建築得好不好？」

「好！你採用的是單面傾斜式，日光可以深入舍內，雨水向後傾瀉，大概是四百平方英尺，足夠一百二十隻雞活動。舍前的場地是沙質壤土，排水容易。規劃得很合乎標準。」

「怎麼看不到你們的飼養員呢？」

「我們雇用了五位工人，三男二女，都是本村人士，現在是場內規定的休息時間，他們回家休息或料理家務去了。」

「這農場每年有多少純利？」

「平均有三千二百多銀圓。」

「那很不錯呀！怪不得你家的生活那樣講究。姐夫不走多好啊！」

下午楊璦夫婦陪同鄰居長者到小舖子打牌爲樂，念春吃過午飯又回學校上課。武碧馨累了，進入表姐臥室躺下休息。剛合上眼，表姐也上了坑，和她躺在一起。

「早上，你講的話還沒有講完。你去過軍校一次，以後有見過他嗎？」

「有，不過是兩年以後的事了。中間我曾多次約他，次次都是石沈大海。」

「兩年以後在那裡見面？」

「在西安尚禮路一間飯館。他說已經畢業了；派他去衞立煌部下實習，不久就去太行山入營。他託我問候祖母，我對他說老人已經仙逝，他還流了幾點眼淚。那次他要我點幾樣喜愛的小菜，他問我會不會喝酒，我說不會。他叫來一小壺汾酒，自斟自酌，我只管吃菜。最後共同吃了一盤餃子和一碗片湯。他還問我飽不飽。總之那次相會有說有笑。晚上我回武功宿舍。他說他住在一戰區辦事處，但沒有留下地址。」

「以後有沒有通信？」

「我曾到過西安行營查問新入營的軍官派去那一戰區那一軍那一師。人家說無可奉告。如果你是他的親人他會寫信告訴你，何況軍人家書是不要貼郵票的。」

「是誰介紹你從軍的？」

武碧馨嘆了一口氣說：「沒有人介紹。三年之後，我大學畢業了，甘肅省農業改進所做了一年，豫西會戰，潼關危急，熱血青年，群起參軍。我跟著十幾個舊同學加入了戰地工作團，投身受鄉前線，救死扶傷。後來我軍反攻，敵人退卻，我在陝縣西郊中了流彈，軍方送我到盧氏縣的野戰醫院治療。不久應徵往重慶考上了遠征軍的英文翻譯官，受訓後即隨軍進入緬甸。」張奇蘭插嘴說：「你姐夫率軍收復靈寶因功升任團長，他還寫信回來，難道你不知道嗎？」

「我確實不知。不過以後聽人說過。老百姓不斷傳言：『沒有楊團長，鬼子過潼關。』姓楊的很多，誰知是姐夫呢。或許是我去的豫西晚了幾天，我曾經找過他，一位臨汾籍的軍官對我說：『楊大春勇敢善戰，委員長一個電話就調到南方了』」

張奇蘭繼續追問：「你在重慶沒有打探姐夫的消息嗎？」武碧馨說：「那個時期，保密工作非常嚴謹，沒有人敢透露軍情。我在重慶短短兩個星期，當然打聽不到。直至三十三年八月八日印度電台廣播衡陽淪陷，楊大春殉難，我才知道他被調到第九戰區受李玉堂兵團節制。當晚我悲痛欲絕，足足哭了一夜。如果我知道他駐守衡陽，我怎會跟遠征軍呢？做個女政工不是到處都可去嗎？」

武碧馨說到這裡，張奇蘭突然大叫一聲：「我明白了。」說著坐了起來指著表妹：「你一直在單戀著大春，到處尋找他，是不是？」武碧馨爬起來跪在床上低頭拱手拜了一拜說：「你既然明白了，我就坦白告訴你吧！求你原諒我，饒恕我的罪！」一面說一面不停地叩頭。張奇蘭伸手把她推倒，兩人又一同躺在床上；隨即用手帕抹乾表妹的淚眼，然後對她說：「我原諒你，請你說吧！」

「從三官廟受訓起，我就愛上他。你和他結婚了，我妒火中燒，心如刀割。恨你搶走了我的心上人。恨他不選擇我，有眼無珠。我天天在鏡前自照，覺得樣樣都勝過你。我媽覺得我有異樣，不時安慰我，怕我出事，強行帶我離開家園。到了蘭州，我還是悶悶不樂。後來在西安遇見大春，我心裡暗想：『天助我也！天助我也！』從此精神振作起來，進了西北大學。他雖然躲避我，對我冷淡，我卻不能忘懷，到處尋找他的下落。」

張奇蘭在表妹身上拍了一把：「你的感情太豐富了，一直在癡心妄想。大春和我相愛結合，又有了孩子，你也不想想大春是不是那種喜新忘舊的男人。縱然你是天仙下凡，你能動搖他的意志嗎？爲了一點虛無縹緲的幻覺，東奔西跑，豈不是自找苦吃。現在大春再不會回來了，你應該醒悟了吧！往者已矣，來者可追，及早嫁個男人還可以生兒育女呢！」

武碧馨搖搖頭說：「我不會嫁人了。」

「爲什麼？」

「真正的愛不是取，而是捨。不是佔有，而是犧牲。我愛過一個人，甘心爲他犧牲。倘若再找人去嫁，就對不起他。」

武碧馨聽不到表姐出聲，翻身一看，原來她睡著了。一會兒，武碧馨想起元稹的江陵三夢，不禁念了兩句：「情知夢無益，不夢見何期。」念著，念著，她自己也瞇著了。

張奇蘭醒來，看看天色已晚，鬧鐘指向四點，急忙喚來長工丑叔對他說：「你馬上騎自行車往武家寨告訴武忠棠，就說他閨女今晚不回來了。進了村左手第一個大門。」

楊老太聽到媳婦留下她表妹過夜，特地走到廚房吩咐魏媽裝個火鍋招待客人，因爲她對武碧馨素有好感，長久念念不忘。

飯後念春搬著一小筐子紅薯放在火爐子旁邊說：「媽媽！這是奶奶叫我拿來的，預備你們黑夜餓了燒來吃的。今晚我不過來了，聽爺爺講故事。奶奶正在炒瓜籽給我吃。」

念春出去以後，武碧馨對表姐說：「姐姐！你是有福的。有聰明的兒子，有慈祥的公婆，有溫暖的家庭，有富裕的財產。我卻兩手空空，快要半輩子的人了，甚麼都沒有。」

張奇蘭說：「你和我同一血緣，親如姊妹，殊途同歸，心愛的男子都是一個。眼前我所有的都是你的。你大學畢業，走過五湖四海，你的本領，強過我十倍。今日我們和好如初，倘能同心協力，創業興家，進一步服務社會，造福桑梓，汾河西岸的春天，很快就要降臨。」

武碧馨聽罷立刻站起來緊緊抱住表姐並且說：「姐姐！你對我真是太好了，決心跟你學習，誓死不相離。唯一的顧慮是，我在楊家長住，不知公公婆婆喜歡不喜歡？」

張奇蘭說：「他們常常說你命好，福氣好。你住在這裡，他們會沾你的光。另一方面，現在他們對你和大春的關係毫不知情；如果聽說你們在西安曾有來往，更會主動請你歸來守節。你知道老一輩的人是多妻主義，媳婦多多益善。你不記得我們讀書的時候，老師講解顧炎武的生平嗎？他父親訂婚之後，沒有迎娶，突然死去。夫妻二人連面也沒有見過，還要過門到顧家爲丈夫守節。沒有兒子怎麼辦呢？只好從顧家兄弟中過繼顧炎武當做自己的兒子。那女人對顧炎武視同己出，管教嚴格，顧炎武對母親還非常孝順呢！照你說你同大春見過面，同桌吃過飯，他又曾經做過你的老師，與顧炎武的母親比較起來，豈不是更有資格進入楊門嗎？」

武碧馨點點頭說：「我有資格，不過我寧願以小姨子的身分跟著姐姐長住楊家，或者以家庭教師的名義陪伴主人。至於和大春交往一點，你可不能隨便說給人聽。姐夫和我清清白白，他對你的愛毫無瑕疵，倘被人誤會，有損他的人格。我為了維護姐夫的令譽，永遠不會混淆是非，冒充與他有染，你認為怎樣？」

張奇蘭說：「有染無染是兩人之間的事，有誰知道呢！」武碧馨悻悻作態，佯作生氣的樣子：「你總是不相信我，難道連你男人也不相信嗎？」張奇蘭慌忙用兩手攀著表妹的脖子親了一下：「相信，相信，兩個都相信。」武碧馨歪了一下脖子，呃逆著說：「你既然相信，我就決心做你的丫頭陪伴你，聽你差使，任你擺佈也不作聲了。」她倆繼續說了許許多多的話，直到深夜，把烤熟的紅薯吃完，方才上坑睡覺。

四四、離家出走

武碧馨在楊家住了一宿回到家中，正遇著武忠棠和一位六十歲上下的老婦人從客廳出來，那老婦人最後的一句話很響亮：「好吧！明日晌午我帶他來相看，相看。」

送走老婦人以後，武忠棠夫婦呼喚女兒出來，對她說：「古寨村有家有錢人家，兒子在省政府做事，三十多歲還沒有成家。正託媒人物色個本地的閨女，打算年底娶親。剛才和媒人約好，明日晌午帶那男人來咱家相看，你可不要出去。」

「不關我事，你們自己相看個夠吧！」

她媽掀了掀身體：「這是個好機會，很適合你，說不定是上天的安排。你要聽你爹的話，已經跟媒婆約好。」

武碧馨說：「我不管。」

她爹大聲說：「舊時的習慣，二十出頭的閨女已經嫁不出了。你今年二十九了，還不著急。是不是準備出家？古寨這個後生跟著老閻在晉西抗戰八年，找不到閨女結婚。今天媒人找到門上，真是一個好機會。他是民族革命大學畢業，你是西北大學畢業，珠聯璧合，旗鼓相當，我想也是前世的姻緣。難道你想找個土頭土腦、一字不識的莊稼漢嗎？恐怕人家還不要你呢？」

武碧馨等父親說了一大套，搖了搖頭：「總之，我要自由。現在不是父母之命，媒妁之言的時代。」

武忠棠發火了，怒氣沖天，眼珠幾乎爆了出來：「你不聽話，錯過了這頭婚事，我就趕你出門！」

武碧馨回房換了軍裝，披著短大衣，提著皮篋，飛也似地跑出大門。母親腳小，怎能趕得上她。慌忙呼喚長工老李，想不到老李在後院劈柴，耳聾聽不到主人的呼聲。武太太只有不停地在那裡責備丈夫：「動不動發脾氣，亂罵人。閨女大了，要好好和她說。如今她走了，不想辦法去追，還坐在那裡像秤錘一樣動都不動。」武忠棠餘怒未消，任由老妻囉嗦，氣也不吭。

武碧馨並不是要重回部隊復職，她的目的地是楊家莊。為了避免身後有人追趕，不得不選擇西南方向的一條幽僻小徑。那條路是農夫們出入農田沿著陌頭踩出來的。平時還有少數人走，一到天寒地凍就看不到一個人影。等她走到盡頭便是大佛寺村的村口。向南的第一個大門，門上的對聯是：「堯天舜日」和「禹甸文風」紅紙已經退色，墨色卻還濃豔。武碧馨熱愛魏碑隸書，停了腳步，注目欣賞。門縫中出來一位穿著蔚藍色長袍的中年男人，向她點點頭：「你找誰？」「不，我是過路人。」那人愣了一陣：「小姐！你是不是武家寨人？」武碧馨點頭示意，並沒有出聲。那人隨即哈哈一笑：「啊！我認出你來了，你是武碧馨。我是吳健東，你還記得嗎？我和楊玲時時談論你。」武碧馨在西安時，曾經和楊玲通過信。一聽到楊玲兩字，武碧馨立刻露出笑容：「楊玲住在那裡，請你告訴我！」「她就住在裏面，現在正餵孩子吃奶。她早已嫁給我了，你不知道嗎！」吳健東說著就把一扇大門推開，引著武碧馨進入客廳。地上鋪著地氈，花紋特別鮮亮。武碧馨俯身脫下皮鞋換上門口備用的一雙女式東洋繡花拖鞋。抬頭一看，廳中全部都是洋式擺設。有沙發、有茶几、有餐桌、有酒櫃等等，還有正在燃燒著的壁爐。她覺得室內非常暖和，便脫下大衣掛在門後的衣架上。一會兒，楊玲從臥室出來了，赤著腳，衣鈕還沒有來得扣好。兩人一見就緊緊擁抱在一起；一個說：「夢中常常見到你。」一個說：「八年就像一百年。」兩人曾經是閨中膩友，無話不說，因此比一般親友見了更加親切。

兩人並肩坐在沙發上，楊玲整理鈕扣，武碧馨首先開腔：「我到家僅僅三晚，想見你又不知你身在何方。今天和父母生氣，離家出走，怕他們隨後追趕，繞著小路闖到你家門口，巧遇吳健東，說你就住在這裡。這種偶然巧遇的事，今生還是第一次。你說是不是上天安排我倆相會。」

楊玲摸摸膩友的手：「小武！你還是老樣子，這樣柔嫩，那裡像個軍人。我問你幾時從了軍，為什麼現在還要穿著？」

「我從西安寫給你的信，你收到嗎？」

「收到了，現在還保存著。」

「我的心事你知道。本來我認爲近水樓台，我會順利得到。想不到郎心如鐵，一直躲避我。報載楊某率部收復靈寶，我入了戰地工作團，就是爲了接近他，結果他調到南方。日軍攻入緬甸，我國派了三個軍援救英軍，我想他一定會去。我僥倖考到隨軍翻譯官，鎗林彈雨撲了空。原來他被派駐衡陽，我在印度聽到噩耗，幾乎傷心氣絕而死。」

楊玲唉了一聲說：「小武，你真愛得太辛苦了，愛了八、九年，一無所得。所謂色迷，色膽包天，都是指男人說的。你作爲一個弱女子，竟敢到戰場上找愛人。如果他愛過你，還說得過去。他根本不愛你，你卻執迷不悟。我真摸不透你是什麼心理。」

武碧馨說：「不瞞你說，在三官廟第一次聽楊先生講課，我就愛上他。後來每天早晨聽他唱國歌聲音洪亮，表情真誠，我就認定他是真正的愛國者。是尊崇他，還是迷了他，我也弄不清。後來他接近我表姐，我就不高興。他娶了表姐爲妻，我就認爲應該娶我。我算來算去，覺得我的條件樣樣比張奇蘭好。以後我就以表姐爲敵，決心要搶奪過來。等到他到了西安，眼看我的希望就要實現，可惜事與願違，一直沒有成功。」

楊玲替她揩揩眼淚，拍拍她的背：「大春殉國一年多了，爲什麼你還不早定終身？」

武碧馨說：「我要愛他到底。他是愛國者，我仍說他值得我愛。勝利後，昆明舉行遠征軍慶功大會。衞立煌司令長官對將領們說：『除了數十位立功同志應受褒獎外，還有一位無名大英雄你們知道嗎？那就是固守衡陽一號陣地四十八日的楊大春少將。他是真正的愛國者；也是功臣背後立功最大的功臣。固然他不屬遠征軍建制。可是大家要知道，沒有衡陽四十八日的血戰，就沒有昆明的安定；沒有昆明，就沒有強渡怒江的勝利；沒有強渡怒江，就沒有芒街兩軍會師；沒有會師，就沒有史迪威公路。回頭再說，沒有楊大春，就沒有四十八日抗戰史上最久，殺敵六萬多的保衛戰。如果只靠方先覺指揮，恐怕老早就和池山勇取得協議，放下武器了。我衞立煌是老粗，不懂兵法，不會講話，台下有半路加入遠征軍的李玉堂兵團很多將領，你們說我說得對不對？還有楊師長是不是愛國者，是不是無名英雄？』台下的眾將領一齊舉手回答：『長官說得對！楊師長是愛國者，是無名英雄。』接著還有很多人大喊：『我們要楊大春，不要方先覺。斷頭可敬，投降不可敬。』當時我以翻譯身分跟羅卓英、李玉堂、史迪威等坐在前排，覺得十分光榮。因此直到現在，我仍然愛他，並不打算嫁人。」

楊玲舉起右手翹著大姆指說：「小武！我真佩服你，楊大春泉下有知，怎能不接納你的愛呢？」

武碧馨正要開口說出她和表姐已經和好如初的事，吳健東忽然抱著嬰孩從臥室走了出來，武碧馨站立起來，伸出雙手：「這個胖娃娃太可愛了，讓我抱抱！」那孩子並不怯生，兩隻小眼注視武碧馨的耳環，一再伸高小手試圖抓來玩玩。武碧馨吐出舌頭扮個怪樣，惹得孩子笑容可掬。楊玲教他叫姨姨，他就姨姨、呀呀叫個不停。武碧馨逗著孩子不肯鬆手。楊玲說：「你這樣喜愛孩子，就該早點結婚。」武碧馨說：「人生的禍福都是命中注定的。結了婚也未必會生。你們命好就會有這個小寶寶，我命薄，永遠都不會生育。孔子五十知天命，我不足三十歲就知命了，所以我不懊悔。」楊玲接過孩子，解除衣襟餵奶，等孩子含穩乳頭，另一隻小手抓緊另一個乳頭後，才抬起頭來發問：「小武！說正經話，你真的不打算結婚了嗎？」「當然是真的，我已經和表姐約好陪她守節，白頭到老。」「那你準備長住楊家嗎？」「是！」「俗話說：『寡婦門前是非多』，你們兩個年輕寡婦不怕別的男人騷擾嗎？」「我們都是半輩子的人，甚麼風風雨雨沒有經過。何況楊家莊的男人都是兄、弟、叔、伯，並沒有什麼壞人。只要自己立得正，又怕甚麼呢！」「那倒也是，我聽說張奇蘭一天從早到晚下農地，辦農場，裏裏外外都要她管，鄉下人個個都敬重她。不知你有沒有她那樣本事？」

她倆繼續說了一大堆閒話，不覺已到了中午時分。女傭端來多種美食，包括熱騰騰的白麵花捲、西紅柿炒蛋、肉片炒綠豆芽、馬鈴薯絲拌粉皮、清源葡萄等。吳健東說：「小武！請！家常便飯。」楊玲把孩子放在小車車裏面，扣好鈕扣，於是三人一齊用飯。

飯後，吳健東說：「今天下午我要去省城開會，四點鐘要趕到萬國道德會山西省分會。因為是勝利後第一次會員大會，我又被推選為副理事長，不得不去。晚上七時歡宴軍政首長，據說司令長官將要親臨致詞。因此今晚我不回來了。小武！你在我家住一夜陪陪楊玲吧！你們也好促膝長談。晚飯我已經交代女傭安排了。明天上午我回來後，套車送你去楊家。」

那晚，武碧馨想到家中的父母一定在她走後到處追尋她的下落，除了去楊家莊查問表姐外，還可能到省城打聽。經過一番折騰找不到以後，整晚恐怕都睡不著。父母是愛她的，父母的動機是為了她好，可惜自己的想法和他們不同。她有些後悔，不應該突然離家出走。不過她又想到不給父母一點懲罰性的打擊，他們是不肯收手的。他們希望女兒嫁人或招個女婿回來生了兒女姓武，給武家承繼香燈。

楊玲覺得小武翻來覆去睡不安枕，便坐起來點著燈：「小武，是不是生地方睡不慣？」武碧馨回答說：「不是，我是想自己對不起父母，令他們焦慮。」楊玲伸手把她拉起來：「你既然睡不著，不如我們談談過去那些有趣的事吧！」「好！你說吧！」「小武！你知不知道我曾經喜歡接近何傳廣嗎？」「不知道。」「那次李德源病了，我半夜起來站在醫療室門外看何傳廣打針，想不到被傅占元發覺了。第二天傅占元在男生面前加鹽加醋，說我赤著腳去偷情，其實是寃枉我，敗壞我。」「記起來了，潘月娥曾經當著崔惠芳對我說過，我們都不相信。指導員大楊玲三十歲，怎能有那事。」楊玲握住對方的手：「那時你爲我闢謠，我是知道的，所以我把你當做知己。」「還有勞軍時正大飯店住宿的那晚，四個女的都批評你水性楊花，我卻堅決反對。」「怪不得從那時起，她們四個都不理我。小武！你真富有正義感，我沒有認錯你這個膩友，值得親近。」接著她倆還談論了許多趣聞怪事，直至深夜才摟著睡了。

第二天，吳健東從省城回來，立刻去後院吩咐長工老蔡套車送客人往楊家莊，楊玲送小武出了大門上車，臨別大聲叮嚀道：「不要忘了再來！」

四五、三方協議

張奇蘭看見有一輛玻璃轎車停在門口，她還以爲甚麼貴客來探望家翁，想不到竟是穿著草綠色軍裝的表妹，一開口就斥責她道：「昨天你躲到那兒去了，累得舅舅派人來過兩次找你。我們全家都爲你惶惶不安。」武碧馨說：「我本來打算去省城打個電報向軍方辭職，然後再回楊家。不料在大佛寺偶然遇見吳健東，他說楊玲做了他的老婆。我見到楊玲，她留我敘舊不讓我走，今早送我至此，這是他家的長工老蔡。」張奇蘭聽了就對趕車的說：「老師傅，麻煩你了，請你多繞一點路，載我們到武家寨村口吧！妹妹你先坐著不要動，我去堂上稟告一聲，馬上就來。」張奇蘭告知公婆說要去武家寨，並把公公的紙煙拿了一包，到自己房裏提了三盒雞蛋。想不到念春尾隨著她說：「我也要去！」於是兩母子齊上了車。張奇蘭見表妹不大高興，便極力安撫她說：「我們先去向你父母解說一番，認認錯，然後再回來。你要相信我，我會令你安安樂樂。」武碧馨笑了一笑，點點頭，伸手拖著孩子坐在身邊問他為甚麼不上學，念春說：「今天是　國父誕辰紀念日。」又問他國父姓甚名誰，念春答道：「孫中山。」又問媽媽的舅舅你叫甚麼，念春看看他媽，然後問道：「是不是叫老舅舅？」

武忠棠剛吃完早飯，仍然坐在桌前悶悶不樂。武太太在庭前大聲呼喊：「閨女回來了，還不出來！」等他起身張望時，三人已到庭前。張奇蘭俯身對念春說：「叫老妗妗，老舅舅！」武太太摸摸孩子的頭，武忠棠拖拖孩子的手，兩老第一次見到外孫女結的果子活潑可愛，當然十分親切。同時見到閨女跟著表姐回來，一切焦慮也化為烏有。

武碧馨在父母跟前插身而過，不言不語，獨自進入臥室，倒頭而睡，因為昨晚狎玩一夜也太累了。張奇蘭指著她帶來的雞蛋說：「這是自己農場生產的力航鮮蛋，專門供應省城的富貴人家和各大飯店。剛才臨急臨忙只帶來三盒，請你們嘗嘗。」念春插嘴說：「還有一盒紙煙呢？」張奇蘭說：「老舅舅不吸煙，那是賞給趕車的老伯用的，已經送給他了。」

武忠棠問道：「那車是誰家的？」張奇蘭說：「是大佛寺村一家財主的。他叫吳健康，日據時代養魚發了大財。他老婆楊玲是我們受訓時的同學，她和表妹十分要好。昨天偶然見到，便留她住了一晚，今早套車送她到楊家。我怕你們心焦，就請趕車的老蔡原車載我們來。」念春又插嘴道：「是玻璃轎車，上面還有枕頭可以睡覺，好漂亮！老舅舅！你見過嗎？」武忠棠故意逗孩子取笑：「飛機上不僅可以睡覺，還可以吃飯、飲酒；有廁所供人尿尿。」念春把嘴一噘：「我不信，除非你帶我坐一坐飛機，我才信。」武太太聽了，一手就把念春抱過來，令他坐在膝上對他說：「你這樣聰明伶俐，又能說會道，今天晚上就不讓你走了。老舅舅很會說故事，你喜歡聽嗎？」念春連連點頭。武忠棠看看孫女對她說：「這孩子很像你，見了生人不膽怯，今天晚上你們就留下吧。同時，我要和你好好談談。碧馨很聽你的話，你知道她的心事，可以協助我們解決問題。」於是兩位老人引著念春到後院玩耍，那裏有鞦韆，有沙池，有木馬，雖然已經殘舊，念春玩起來倒也覺得有趣。武忠棠說：「你以後常常來的話，老舅舅把這一切都修飾好，再請木匠做個滑梯。」念春說：「我會來，你家很好玩，我還會帶個同學來。」

晚上，張奇蘭趁著武碧馨帶著念春去鄰居探望並往小舖子選購一些小食，便在舅父母面前，把表妹的心事和她倆未來的計劃和盤托出，那就是成全武碧馨的宿願多住楊家，每星期有一兩日探望父母。起初，武太太不以爲然：

「既不是陪嫁女，又不是妾侍，那是甚麼身份？」

「我說堂堂正正公開她和大春的關係，讓她擁有妾侍或平妻的身分，但她不肯。她堅持要以小姨子的關係住在楊家，作我的幫手。」張奇蘭表示無論如何自己都接納表妹。

「古人說：『人差禮不差，小姨不住姐夫家。』她長住楊家，別人要說閒話呢！」

張奇蘭說：「妗妗，那倒不是問題，姐夫在世，當然不可以。如今大春已死，表妹跟著我住，是不怕別人講閒話的。你們知道表妹患了精神分裂症，她有一種幻覺，妄想做楊家的媳婦。只有住在楊家，她才感受到快樂和幸福。」武忠棠聽了，站起來看看妻子然後說：「不必多說了，女兒既喜歡住在楊家，就由她去吧。楊家莊離我們不遠，彼此時常可以見面，總比她遠走高飛，游蕩天涯好得多吧！何況閨女總不是自家的人，不能守著你過一輩子。我們就當她已經和奇蘭一齊嫁了給楊家吧！你既然親你的閨女，希望她好，明知她爲了單戀楊大春得了抑鬱症，不讓她去改善健康，尋求安樂，怎麼忍心呢？」

「楊家的人會善待她嗎？你還有公婆！」

張奇蘭說：「楊家本來有三個閨女，金鳳、銀鳳已相繼出嫁，玉鳳在省城學校寄宿，很少回家。平時只有公婆和我母子四人。女傭魏媽和長工一家住在前院，自煮自食，按月發給工資，主家並不管飯。我們的農場，獨立經營，和住家毫無關係。兩年前公公再不管事，由我當家作主，一切家務，從不過問。何況表妹並非閒住，我們正要積極展開新的工作，對楊家有利無害。這一點你們多多放心，沒有任何人會刻薄她的。」

武忠棠夫婦既不能對女兒施加壓力，又無其他良策留得住女兒，經過慎重考慮之後，只好允許她跟著表姐長住楊家一個時期，等她的心理狀態恢復正常之後再作道理。

第二天，武碧馨把自己的禦寒衣物收拾了一大包袱，吩咐傭人隨後送去，便拖著念春告別父母，跟著表姐有說有笑地移步前往楊家莊了。

四六、登堂入室

楊璦是宿命論者，他相信世間一切都依照預定之命運而發生，人力是無法改變的。他聽說武碧馨有心長住楊家，陪伴表姐，便對老妻說：「你不是喜歡武家閨女嗎?經過八年她仍然守身如玉，不娶自來，這是命中註定她要做楊家媳婦。你要好好待她，愛如己出。」他倆的話還沒有講完，念春在大門口大聲喊道：「奶奶！我們回來了，我姨姨也來了！」楊老太慌忙跑到庭中緊緊握住武碧馨的手說：「你穿的衣服太單薄了，看你的手多麼冷！我有很多新棉花，今晚我不睡覺也要給你縫好一套新棉衣。」武碧馨被她的熱情感動，不禁沖口而出叫了一聲：「媽！」然後說：「我帶來很多衣服，不要麻煩媽了。」楊老太聽到這不娶自來的媳婦連聲叫媽，樂得眉開眼笑，「我一定要做，明早你來試身。」回頭向念春說：「今晚你也不要睡，陪奶奶穿針引線。」那一邊楊璦吩咐魏媽：「趕快把西耳房打掃乾淨，佈置床褥，燃點火爐。」張奇蘭上前阻止道：「爸！不必了，表妹可以和我同住，念春跟你們一起。開春天氣和暖再安排吧！」

武碧馨進入表姐臥室，張開四肢仰臥在炕上，鬆了一口氣自言自語道：「塵埃落定了，最終找到了自己的家。」接著又高唱：

「仁者不以盛衰改節，義者不以存亡易心。」

張奇蘭聽了莫明其妙：「妹，你唱甚麼呢？我沒有聽真，你再唱一次！」武碧馨解釋道：「昔日夏侯令女喪夫以後，父親逼她改嫁，她堅持為夫守節，終身不變，她說：『仁者不以盛衰改節，義者不以存亡易心。』」張奇蘭靠近炕邊：「啊！我明白了，你要以夏侯令女自居，做仁者，做義者，正好和我的主意相同。今後我們要立得正，做得正。任由他人毀謗、諷刺、凌辱、誘惑，都要無動於中。我們兩人必須互信、互愛、互相包容、互相安慰。所有金錢、財物都放在一起，無分彼此。我的一切都是你的，你的一切都是我的，兩人之間不能心存一點界線，你能做到嗎？」

武碧馨翻身坐了起來說：「我能做到。」說著就把兩萬美金捧給表姐：「這是我多年的積蓄交給你，作爲信物，也是念春的教育基金。」於是張奇蘭拖她起身，一同站立在楊大春的肖像之前，舉手發誓道：

「神明在上：我倆甘願同心同德，患難相扶持，爲楊家興家立業，伸張正義；安老懷幼，造福社會；所有財物，不分彼此；守死善道，克己復禮。倘有違反，願受天譴及法律制裁。謹誓。」誓畢，叩頭三拜上天。最後她倆握手爲禮。武碧馨首先環抱表姐，張奇蘭貼身伸臂擁抱表妹，交相吻頸，表示融爲一體。

從那天起武碧馨跟著表姐日出而作，日入而息。或從事家務，或管理農場，患難與共，如膠似漆。晚上或教導念春溫習功課，或與表姐圍爐夜話，促膝慰藉，真是優哉游哉，十分快樂。不久她那抑鬱症也就不藥而癒了。她和表姐最感興趣的是每當夕陽西下，手牽著手漫步於汾河岸上，尋找楊大春昔日踏過的腳踪；或回憶當年在阡陌上邂逅的情景。

天朗氣晴的日子裏，青青的楊柳葱翠倒影在滾滾的河流中，被天空的晚霞映射得五光十色，特別燦爛。武碧馨每次都要對表姐說：「走遍萬水千山，只有汾河西岸才發現我的春天。」張奇蘭總是嫣然一笑，默默點頭。有時也會緊握表妹的手腕低聲回應她一句：「自從動員抗戰至今，汾河西岸沒有一日不是春天。」

注釋：

注一：齊姜　春秋時代晉文公夫人。起初，晉公子流亡齊國，齊桓公把宗女齊姜許配給他，並且對他十分優待。重耳的隨員催促他離開，他卻捨不得走。齊姜勸他為晉國的未來去奮鬥，不能只圖眼前的安樂，他也不聽。於是齊姜主動和他的隨員設計把他灌醉，硬把他送走。他酒醒以後，纔發覺身在異地，除了責備隨員以外，已經沒有辦法。後來重耳到了秦國，秦穆公用軍隊護送他回晉，立為文公。接著他很快把齊姜接回晉國，成為文公的夫人。

注二：班生　班超是東漢安陵人，少時家貧靠寫書養母，他說：「大丈夫當立功異域，安能久事筆硯間乎！」於是投筆從戎。明帝時，出使西域，降服五十餘國入貢中國。

注三：閻錫山　當時任太原綏靖主任。民國二十五年九月十八日與統戰人士薄一波等組織

「犠牲救國同盟會」，被推為會長。徵訓幹部，準備抗日。

注 四：姜旅長 姜玉貞是山東荷澤人，時任三十四軍一九六旅旅長，受命堅守原平，血戰十日殉國。國府曾明令褒揚，追贈中將。

注 五：陳敬棠 字芷莊 忻州嘉禾村人。宣統元年任山西諮議局議員。民國成立後任第一屆國會參議員。北伐軍興，任山西省政府委員兼村政處處長。七七事變時正息隱家園。民國二十六年十一月二日，忻口戰役撤退。陳氏不甘心受日軍凌辱，親自督率全家服毒自殺。四男六女於十一月三日成仁。

注 六：梁碩光 民國初年曾任晉陽日報主筆，對時政多所批評，深得民心。後創辦大同教。

注 七：衛立煌 時任第一戰區司令長官兼河南省主席，駐節洛陽。

注 八：衡陽 今湖南市名。地當湘蒸二水合流處，是粵、桂兩省入湘的要衝。抗戰勝利前一年淪陷。

注 九：南丹 在廣西西北部，古稱南丹土州。北距貴陽二百多公里，是入貴州孔道。

注一〇：千字文 書名，梁周興嗣撰。舊時私塾用作課本。句句寓意深遠，乃簡易百科全書。